目にやさしい
大活字

再就職できない中高年にならないための本

42歳以上のためのキャリア構築術

人材コンサルタント
谷所健一郎 著

C&R研究所

はじめに

あなたは、これから先も現在の年収でずっと仕事ができると思いますか？

定年退職後の生活について、具体的なプランを持っていますか？


どちらもイエスと応えられた人は、本書は必要ないかもしれません。

多くの人は、現在の仕事を日々懸命に行い、明日のことはわかるが、今後5年、10年、20年先について明確なプランを持っていないと思います。

漠然とした希望はあっても、40代、50代の責任ある仕事をしている人にとって、考える時間がないのかもしれません。


現在は、不確実性の時代です。

60歳からもらえると思っていた年金が、65歳に引き上げられ、将来は70歳になるかもしれません。終身雇用制度を信じて頑張ってきても、突然リストラをされる可能性も否定できません。

高年齢者雇用安定法により本人が希望する場合は、65歳まで雇用延長を行うことが企業に義務付けされましたが、多くの企業が60歳を定年とし、再雇用して雇用を継続しますので、雇用形態、労働条件、待遇が、現在と同様に継続されるとは限りません。現在と同じ労働条件で、役職がなくなり待遇面が大幅に少なくなるケースも珍しくありません。

待遇が悪くなるなら、転職したいと考えていても、若年層を中心とした転職市場では、本当に転職できるかわかりません。いずれ独立を視野に入れている人も、独立後の生計が成り立つのか不安なはずです。

時間は誰でも平等に経過していきます。

気持ちは20代でも確実に年齢は加算されていきます。会社の傘にいると収入がないといった日々の生活に不安を実感しないかもしれませんが、何の準備もせずに退職すれば、退職した翌日からそれまでの肩書きもなくなり、仕事が見つからなければ収入が途絶えてしまいます。

退職間際に退職後について考えるのでは遅すぎます。

会社は、退職後のあなたの人生を守ってくれるわけではありません。40代、遅くても50代前半には今後のキャリアについて具体的なプランを描き、行動に移す必要があります。

本書は、不確実な現代社会において、中高年の人が会社やセーフティネットに頼らず、価値観を見出せる仕事を長く行うための指南書です。

中高年というと、リタイアが近い年配者のイメージがあるかもしれませんが、中高年だからこそ、これまでの経験を糧にワクワクした気持ちで仕事を行ってもらいたいと考え、本書を執筆しました。

本書を参考にしていただき、事前に入念な準備を行い、中高年のキャリアを充実させましょう。

谷所健一郎

CONTENTS

目次

第2章 仕事に対する考え方・行動を変える

CONTENTS

目次

第3章 今やるべき5つのステップ

目次

第4章 転職を成功させる秘訣

第5章 転職以外の選択肢

CONTENTS

目次

第1章
将来のキャリアプランを考える

今の収入がこの先もずっと続くという考えは幻想です

この先、不確実な時代の中では、年齢が増すにつれて減給や降格の可能性があり、転職や独立の道を選んでも収入が増えるとは限りません。企業の経営状態が悪化すれば、真っ先に人件費が削減されます。経営状態が悪くなくても給与規定に基づき家族手当などの福利厚生がなくなる企業もあります。また、公務員だから大丈夫と思っている人も、今後、民間に委託する分野が増えたり、業務の縮小も考えられますので、決して安心はできません。

これまでは、終身雇用で年功序列型の企業が多く、給与で年齢給の占める割合が高いため、勤続が長く年齢が高ければ一定の給与を確保できましたが、年功序列型の給与体系から実績重視型でなければ企業経営ができない状況になってきています。同じ能力なら人件費の安い若い社員を使います。これまでの貢献度ではなく、今後どのような貢献をしてくれるかが重要視されるのです。

中高年になるとワークライフバランスを重視した生活がしたいと考えている人も多いと思いますが、収入が伴わなければ幻想になってしまいます。予め予測できる減収ならまだしも、突然、収入が減り生活スタイルが変わることは、思っている以上に辛いものです。不確実な時代を生き抜くためには、危機感を持ち、将来に備えることが必要です。会社に頼らず自らのキャリアを構築しなければなりません。あなたの人生は、あなた自身で築いていくものなのです。

ポイント

○何もしなければ収入や生活が衰退していく可能性がある

○将来を楽観視せず危機感を持つ

転職や独立をするなら42歳から考え始める

中高年のキャリアを考える上で、45歳はターニングポイントになります。仕事を70歳まで行うことを考えると、新卒で入社して約25年、そして45歳からの25年とちょうど中間点にあたるのです。そして、45歳の時点で将来を考えるのではなく、42歳から真剣に45歳を見据えてください。中高年の転職や独立は、リスクを軽減するためにも将来のキャリアについて入念に準備すべきです。

もちろん何かを始めるのに遅いということはなく、50代が分岐点でもかまいませんが、年齢が増すごとに転職は難しくなり、独立でもリスクが増えることを理解しておきましょう。

中高年の転職が、これからの人生を構築する分岐点と捉えれば、今後の人生を踏まえた上でよく考える必要があります。

転職市場では、35歳くらいまでの人を採用する企業が多いですが、40代半ばであれば決して遅いことはありません。採用担当者は、50代以降の求職者なら、数年間しか勤務できない求職者だと考えますが、40代であれば30代とそれほど隔たりなく、自社で今後長く貢献してくれる人材として採用を検討します。

独立も同様に50代以降で独立するより、40代で独立するほうが軌道に乗りやすいといえます。独立では、成功することだけでなく失敗するリスクも考慮しなければいけませんが、40代であれば仮に失敗しても充分リベンジすることができます。

50代以降で独立した場合、新しいことを習得する向上心に不安があることや、失敗したときに立ち直れなくなるリスクも認識する必要があります。

中高年のキャリアプランは、数年先ではなく、60歳から70歳までのことを考える必要があります。転職や独立でも目先に捉われることなく、今後、長く仕事ができる可能性を見極めることが大切です。

環境が変われば適応するまでに時間を要します。また市場が受け入れてくれなければ、思いだけでは転職も独立もできません。40代であれば、転職市場でも欲しいと考える企業は多くあります。独立して新たなことにチャレンジする上でも、45歳前後は体力、精神面でも適しています。

現在、特に問題ないからという理由で現職に留まるのではなく、留まる選択をするのであれば、長いスパンでどのようになるかを見極めて判断しましょう。企業は実績や成果を評価しますが、働き盛りの45歳で評価されていても10年先、20年先に不安がある場合は、キャリアチェンジを含めてよく検討してみるべきです。中高年のキャリアは、45歳を分岐点と捉えて42歳から今後の人生を真剣に考える必要があるのです。

ポイント

- ○ 42歳をスタートラインとし、45歳に向けて入念な準備を行う
- ○ 45歳を分岐点として、今後25年のキャリアを考える

忙しいときこそ将来のキャリアプランを考える

将来のキャリアプランについては、考えることを後回しにしても、いずれは考えなければいけない問題となります。

今の会社に留まる選択であっても、60歳以降の生活に支障がないか検討しなければ、60歳を迎えたときに生活がおぼつかないと嘆くことになるかもしれません。

中高年の年代は、要職に就いていることが多く、忙しい日々を送っていると思いますが、忙しい今だからこそ、今後のキャリアプランについて、よく考える必要があるのです。

60歳以降も現職で働く場合は、どのようなポジションで仕事するのか探ってみることも大切です。現在の会社で継続して勤務するのであれば、より必要な人材としてスキルや経験を高めることも必要となります。

転職を考えている人は、忙しいときだからこそウリとなる人材なのです。時間が取れるようになったら、じっくり転職活動をしようと考えていても、暇になったときでは、転職市場で求められる人材でないかもしれません。

現在、忙しいということは、やるべきことが多く必要とされている証なのです。他社も自社で貢献できる人材を求めているので、会社でやるべきことがなくなったときではなく、忙しいときこそ転職について考えてみましょう。

独立を考えているならば、早期退職も含めて事業計画を構築する必要があります。独立すれば、すべてがあなたの自己責任で行う必要があります。肉体や精神的なことを考えても、独立するならば早いに越したことはありません。

事業計画だけでなく独立までのタイムスケジュールや資金について計画してみましょう。独立を夢で終わらせないためには、現実を直視してできることから始めるべきです。

環境が変わるリスクがありますので、必ずしも転職や独立を推奨するわけではありませんが、今後のキャリアプランについてあえて考えようとしないのは、何をするにしてもマイナスになります。

特に60歳以降の人材は、すべての選択において黙っていてもうまくいく年齢ではありません。仕事に年齢は関係ないと考えている人もいますが、年齢は仕事に間違いなく影響します。60歳以降の仕事は、人生の集大成として所得や労働条件だけでなく、価値観を見出せる仕事に就きたいものです。そのためには目指す方向に応じて準備を行い、実践していかなければいけません。

5年後、10年後は現在と同じ状況ではありません。現在うまくいっているから将来もうまくいく保証はどこにもありません。なるようになると流れに任せているだけでは、後々後悔することになります。現状をしっかり見つめた上で、忙しさを理由にせず、今やるべきことを実行に移していきましょう。

ポイント

○忙しさを理由にキャリアプランの構築を後回しにしない

○60歳以降のキャリア構築は、60歳を迎えたときでは遅い

退職後について考える

会社を退職すると、毎月決められた日に給与が支給されることが当たり前ではなくなります。長年、会社に勤務してきた人は、給与がもらえることが当たり前の生活になっているかもしれません。

職種や業態によって異なりますが、通常、給与の3倍の利益を生み出さなければ、会社は存続できないといわれています。たとえば年収が600万円であれば、年間1800万円以上の利益貢献が必要となります。会社に利益貢献できなければ、この先ずっと同額の給与がもらえるとは限らないのです。会社を去った翌日からは、会社に頼らず自ら生活費を生み出す方法を考えなければいけません。

私は47歳のときに独立をしました。当時、パソコンスクールをフランチャイズで全国展開している社長と知り合いになり、「キャリアカウンセラーを養成する団体を作りたいので手伝って欲しい」という話から、フランチャイズに加盟し、パソコンスクールを経営しながら、キャリアカウンセラー養成のためのカリキュラムを作成しました。

フランチャイズとして開校したパソコンスクールの売上予想は、開校当初、毎月150万円くらいを見込んでいましたが、実際は開講月と翌月は、売上ゼロでした。3カ月目に初めて約30万円の売上がありましたが、毎月の家賃、人件費、広告宣伝費など売上がない中で毎月100万円近い経費が発生し、さらに、開校6カ月目にフランチャイズの経営母体が倒産してしまいました。

当然ですが、私の給与はなく、借金のために貯金を取り崩す生活が続きました。このとき、会社から当たり前のように毎月、給与や賞与をもらえるありがたさを実感しました。

会社が順調ですと、現状の生活がずっと続くような錯覚に陥りますが、今後も継続する保障はありません。そして、退職する日は誰でもやってきます。

現職で日々一生懸命に働いている人も多いと思いますが、忙しさを理由に将来のあなた自身について考えなければ、生活に困窮する日がやってくる可能性があるのです。現在の給与が高いからといって、この先も保証されているわけではありません。仕事に打ち込みながら、あなた自身のスキルや経験を積み、将来について準備をする必要があります。

誰でもうまくいっているときは、うまくいかなくなったときのことを考えないものですが、問題がないときこそ、現状に甘んじることなく将来について考えてください。

会社は生きものです。あなたが経営者であれば、この先もずっと会社と付き合っていくことができるかもしれませんが、退職すれば現在の会社との関係が終わるのです。

給与がもらえることに感謝の気持ちを持ちながら、会社に頼らない生き方を構築してくことが大切なのです。

ポイント

○ 現状に問題ないときこそ将来について考える

○ 退職後は、現職の企業との縁はなくなる

自分で将来の道を切り開く

まだまだ60歳など先のことだと考えていても、時間は確実に経過し、その日は必ずやってきます。

あなたは、60歳以降の生活について考えていますか？

社長や経営陣から信頼されているから大丈夫だと安易に考えていませんか？

私が30代に人事部長として勤務していた会社では、当時60歳を迎える総務部長を定年退職してもらいたいと社長から指示されたことがあります。官庁から転職してきた人でしたが、本人は入社当時に社長から65歳まで頑張ってもらいたいと言われていたので、当然、雇用延長があるものだと考えていました。しかし、社長は、「社員の若返りをしたい」と気持ちが変わってしまったのです。

経営者の言葉でも口約束ほど不確かなものはありません。会社の業績や市場の変化によって状況は一変するのです。

年金制度が崩壊し、支給開始年齢が以前は60歳だったのが、今後は65歳、67歳と引き上げられていきます。納めた年金なのだからもらえて当然というものではなく、年金は当時の高齢者を支えるものだという考えなので、話が違うと憤ってもどうしようもありません。いずれ年金支給開始年齢が70歳になる日もそう遠くないでしょう。

別の見方をすれば、昔は60歳が会社を定年退職し年金生活で余生を生きる時代だったのかもしれませんが、現在は平均寿命が延び、健康であれば、70歳あるいはそれ以上の年齢までイキイキと仕事ができる時代だと捉えてみてください。

40年近く働いてきたのだから、60歳以降は何もしたくないという考えではなく、40年間仕事してきたことを活かして、より価値観を見出せる仕事をする時代なのです。

以前は、終身雇用が当たり前の時代で、中には、退職金を数千万円もらえる人もいました。しかし、最近では、退職金制度を廃止する企業や転職が当たり前の時代となり、勤続期間が短く生活費に充当できるほど退職金をもらえない人も多くいます。また、60歳の定年後に関係会社や取引先の管理職として転職する人がいましたが、一部の大企業を除いてそのような道も途絶えています。

「年金も支給されない」「転職先も見つからない」という状況では、生活そのものが破たんしてしまいます。

退職後、路頭に迷わないためにも、自分で道を切り開き70歳までのキャリアプランを構築する必要があるのです。

ポイント

○ 誰でも年齢が増していくことを自覚する

○ 70歳までのキャリアプランについて考える

会社から必要とされる人材になる

60歳以降の雇用について、雇用形態、役職、給与が変わるケースが多いですが、条件面が60歳以前と比べて悪くなったことで仕事の姿勢が変わるようでは、継続して勤務してもうまくいきません。もちろん企業によっては、60歳以降も以前と同条件で雇用することもありますが、一般的には給与は下がり、雇用形態も契約社員や嘱託社員になる場合が多いです。

労働条件や待遇面が悪くなったので、賃金に見合う仕事しかしないと陰口をたたく人がいますが、このような態度や行動はすぐに他の社員に伝わるので、注意が必要です。

現在の企業で60歳以降も継続して仕事をしていきたいのであれば、これまでの部下が上司なることや減給について気にしてはいけません。

誰でも年はとります。年齢に応じて給与が下がるのは、あなただけではないはずです。他に仕事がないから仕方なくやるという姿勢では、他の社員に悪い影響を与えてしまうかもしれません。中高年の社員が過去の業績やプライドだけで仕事をすれば、既存社員とうまくいきません。

待遇や労働条件が変わっても、現職でより貢献したいという気持ちで臨むことが大切です。

中高年の社員が若手社員とうまく融合できないのは、若手社員が距離感を感じるからです。仕事は年齢が高い、低いで決まるものではありません。企業が目指す方向に向かって頑張る同士という意識を持って仕事をすべきです。

これまで自分を育ててくれた企業に恩返しをするくらいの気持ちで、以前よりより意欲的に仕事に取り組み、社員とのコミニュニケーションを重視していきましょう。

60歳になった時点で待遇面や労働条件に納得できなければ、選択肢は転職もしくは、独立などの道しかありません。仮に転職したからといって、条件面が改善されるという保証はなく、独立することで、さらに年収が下がるリスクもあります。

どれだけ企業で必要とされているかによって、60歳以降の待遇や労働条件が変わります。60歳までまだ時間がある今なら、会社から辞めないでほしいと言われるくらいの貢献できる社員を目指しましょう。

現在の企業で60歳以降も勤務したいなら、減給や降格されるというネガティブな要因ではなく、60歳までに、より必要とされる人材になるためにやるべきことを実行していきましょう。

ポイント

○ 待遇面、労働条件が変わっても今まで以上に仕事に打ち込む
○ 60歳まで時間がある今だからこそより貢献できる人材を目指す

頑張ってきただけでは評価されない

「40年間近く頑張ってきたのだから、会社は薄情なことはしないだろう」と考えている人もいると思いますが、経営者側からすれば、頑張ってきただけでは評価されません。頑張った結果、どのような成果や実績を上げてきたか、そして継続雇用することで、どのようなメリットがある人材かどうかという点が見極められています。

終身雇用が当たり前の時代であれば、人情もあったかもしれませんが、近年は転職も盛んになり、社員の帰属意識も薄れている中では、企業も利益を出す上で、雇用については、ドライに考える傾向があります。

人件費の高騰は、利益を圧迫します。65歳まで雇用延長することで、新卒の採用を控える、あるいは減少する企業もあります。このような点からも「頑張ってきたから、再雇用でも評価されるべきだ」という考えが通用しないのです。

60歳になれば、20代のころと比べて体力は落ちます。新たな業務を覚えるのも時間がかかるかもしれません。しかし、「高年齢だからできない」という言い訳をするようでは、企業にとって必要な人材ではなくなります。

企業は、社員の個人的な問題には興味がなく、その問題が業務にどのように支障を与えるかという点のみ気になるのです。

別の見方をすれば、「60歳になるまでに辞めてもらっては困る社員」になることを考えてください。再雇用などの問題ではなく、企業が是が非でも雇用継続を希望するような仕事を行うために今やるべきことを考えていきましょう。

60歳まで10年あれば、より必要とされる社員として、実績を上げることができるはずです。技術者であれば、60歳以降は技術の伝承を行う立場として企業に貢献できるはずです。

企業の本音は、60歳で辞めてもらいたいという状況でありながら、生活費のために毎日仕事をするのは辛いものです。60歳を迎えたときに、「ぜひ我が社に残ってもらいたい」と言われる仕事を行えば、再雇用する際も現状とそれほど差がない条件で契約ができるかもしれません。

現在携わっている仕事で、あなただからこそできる仕事はありますか？　どのような仕事でもスペシャリストとしての能力があるはずです。仕事を頑張ることは当たり前です。今の会社でより必要とされる人材を目指していきましょう。

ポイント

○長年の勤務から自社を熟知し、他の社員が真似できない技術力をもつ

○人間性や仕事へのモチベーションが高く年齢を感じさせない人材になる

退職後は名刺・肩書きの力を使えない

現在、取引先などと良好な関係を築いている人でも、それは、「会社という看板を背負っているから」ということを忘れてはいけません。

仕事上で、あなたと親しくなりたい、あるいは慕っているように思えても、多くはあなたの名刺や肩書の力であり、退職後は手のひらを返したように離れていく人もいます。

独立したら支援をしたいと言う取引先の言葉も、話半分に聞いておくべきです。あなたが属している企業と商売がしたいが故に、甘い言葉を投げかけているのかもしれません。部下があなたを慕っているのも、あなたが上司であり、上下関係からあなたの指示に従っているだけなのかもしれません。

退職してみて、それまでの人間関係が本物かどうかわかります。黙って去っていく人もいれば、在職中と変わりなく付き合いが継続する人もいます。「会社を辞めればただの人」という言葉をどこか頭に入れておいてください。そして、「ただの人」にならないために、あなた自身の人間性や職務能力をさらに高める努力が必要になります。

あなたの生活を支え、これまで育ててくれた企業に感謝の気持ちを持つべきですが、恩や人情だけではビジネスが成り立たないことも理解しましょう。会社であなたと変わりない職務能力があり賃金が低い若手社員がいれば、企業は若手社員を使いたいことを認識すべきです。

60歳以降も仕事に価値観を持って働くためには、60歳になる前から今後のキャリアプランを構築すべきです。企業があなたの人生を導いてくれるわけではありません。これまで長年に渡り会社に尽くしてきたあなたなら、これからの人生は、あなたの手であなたが思うような人生を築いていきましょう。

時間は無限ではありません。何もしなければ日々の仕事に追われて60歳を迎えます。法律で雇用延長が決まっても、会社が存続できない状況になれば、リストラされる可能性もあります。会社は生き物です。どのように変わるかわかりません。

今後の仕事を考える上で、現在の能力をより高めることも必要でしょう。やるべき方向性を明確にすることも大切です。退職後もより気持ちよく働くために、あなたを必要とする企業へ転職するという選択肢や独立して雇われない生き方を選択する道もあります。いずれも会社からの指示や命令ではなく、あなた自身が考えて行動に移すことで道が開かれます。

現職との関係が永遠に続くわけではないのです。中高年のキャリア構築は、これまでの人生を糧にして、あなた自身が作り上げていくものなのです。

ポイント

○ 名刺や肩書で成り立っている人間関係を理解する

○ 会社に頼らず今後の仕事について考える

会社の雇用環境の変化を確認する

中高年のキャリアプランについては、まず、会社の雇用環境の変化について確認する必要があります。平成25年の高年齢者雇用安定法により、本人が希望する場合は、65歳までの継続雇用が制度化されていますが、雇用が継続されるからといって待遇面や雇用形態がそれまでと変わらないわけではありません。

終身雇用が当たり前の時代であれば、義理や人情で社員を雇用することもありましたが、現在のように社員が流動化している中では、実績や成果をあげられる社員でなければ、60歳を迎えた時点で大幅な減給や雇用形態が変わることを想定しなければいけません。

企業によっては、退職金制度を廃止したり、転職者が多い企業であれば、退職金より年収を重視している場合もあります。

60歳以降の雇用について、それまでの正社員から契約社員、あるいは嘱託社員に変わることも珍しくありません。正社員であれば原則として65歳まで契約の打ち切りはありませんが、契約社員や嘱託社員では、1年ごとの契約といった期限が決められた雇用形態に変わり、雇用条件も見直されるケースもあります。また、60歳の前に役職がなくなったり、60歳を迎えた時点で役職を解く企業もあります。

雇用環境の変化は、企業が存続する上で人件費が大きな影響を与えることと関連します。年功序列型の賃金制度であれば、勤続年数が増すごとに賃金も上昇しますが、勤続年数が長い社員の貢献度が賃金に見合わななければ、企業は賃金の安い若手社員を雇用したいと考えるのが一般的です。

企業が提示する賃金や雇用形態は、企業が有利なように作られていますので、今後の生活やキャリアプランを考慮した上で、現職に留まるべきか否かを選択する必要があるのです。

退職金や賞与を支給する必要がない派遣社員や契約社員であれば、会社の情勢により雇用を打ち切ることも可能なため、正社員から派遣社員、契約社員の層を厚くする企業もあります。

雇用形態については、次のような種類がありますので、整理をしておきましょう。

- 正社員……有期雇用ではなく、原則として会社で定めた年齢まで雇用関係が成立する。
- 契約社員……期限を定めた有期雇用であり、契約期間が満了すれば雇用関係がなくなる。
- 嘱託社員……特に定義はないが60歳以降の社員を再雇用する際、有期雇用の社員を嘱託社員と称して雇用する企業が多い。
- 派遣社員……雇用元は派遣会社であり、退職金、賞与は原則として支給されない。有期雇用で契約を打ち切ることができる。

ポイント

○人件費を押さえたい企業側の意図がある
○有期雇用では、契約を打ち切られるリスクがある

60歳以降の仕事について考える

60歳になってから、今後の方向を考えようとしているようでは、準備不足で選択肢が無くなり、うまくいかない可能性があります。60歳以降の選択肢について大きく分けて、次のような3つの選択肢に分類されます。決断を後回しにせずに来る日に備えて準備を始めましょう。

❶現職に留まり65歳まで勤務する場合

平成25年の高年齢者雇用安定法の改正により65歳までの雇用を企業に対して義務付けているので、解雇要件に該当する場合を除き、雇用を継続する場合は、65歳まで働くことが可能です。ただし、雇用形態や労働条件については企業により決められるので、現在の待遇や労働条件と異なる可能性が高いことを認識する必要があります。ただし、現在の企業で勤務を継続すれば、給与や役職が変わっても環境は変わりませんのでストレスは少ないでしょう。

今からやるべきこと

- 自社の雇用延長制度の概要をきちんと把握する
- 減給を補てんする方法について検討する

❷転職して別の企業に勤務する場合

現在勤務している企業の取引先などといった縁故による転職の可能性はありますが、60歳になった時点で伝手もなく転職活動を行っても良い結果には、なかなかつながりません。転職を視野に入れるならば60歳の退職前に転職すべきです。

今からやるべきこと

- 情報を収集し転職市場をリサーチする
- 能力が発揮できる強み、経験を整理する

❸独立して雇われない生き方を選択する場合

独立事業主から法人設立までさまざまですが、定年のない雇われない生き方という選択肢もあります。現在の仕事の継続であれば退職後でも可能ですが、未経験の業界や職種であれば、60歳以前にスタートすべきです。不動産投資、FX、株なども独立事業主ですが、まったく知識や経験がない人が、退職後に生活の糧とするのはリスクがあります。

今からやるべきこと

- 事業内容について情報を得る
- 開業資金、運用資金について考える

ポイント

○ 60歳以降の仕事の選択について考える
○ 決断を後回しにすれば、可能性は狭くなる

会社での自分の存在価値について考える

転職者の多くが、今の会社で存在価値を見出せず、将来が不安になったときに転職を考えます。あなたは、「会社から必要とされていないのでは？」と感じたことがありませんか。

長い会社勤務ですから、あまり短絡的に考えてはいけませんが、中高年の社員であれば、会社からの期待度や存在価値について、もう一度よく考えてみてください。

「期待度や存在価値について興味がない」と目をそむけている人がいますが、興味がないのではなく、考えたくないのかもしれません。「なぜ、今の会社で必要とされていないのか」を考えてみる必要があります。存在価値を見出せないからといって短絡的に転職をしても、転職先の企業でも同様な状況にならないとはいえません。

存在価値を見出せない原因が、本人にある場合もあります。冒険を嫌い新企画や斬新なアイデアをことごとく否定する中高年の社員がいます。できない理由を主張し、現状を変えたくないという保守的な気持ちで仕事をしていれば、必然的に枠の外に追い出されてしまいます。

市場のニーズやトレンドを汲み取り、新たにチャレンジする行動力がない中高年の社員であれば、いつの間にか重要な議題のメンバーから外されていく状況になっていきます。

会社は、存在価値がない社員だからといって簡単に解雇はできませんが、60歳の退職時であれば、企業は都合のよい理由をつけて、会社から追い出すタイミングと考えます。リスクを考えず無鉄砲に行動することは会社に損失を与えますが、何もせず黙って給与をもらっている社員は、さらに大きな損失になるのです。

期待されていない状況について、次のような思い当たる節がないか考えてみてください。

- 重要な案件を検討するときのメンバーから外されている
- 社内の情報が入らなくなってきている
- 定時にあがることを周囲が快く思っているように感じる
- 若手社員からの相談や報告が少なくなってきている
- 成果をあげなくても上層部から何も言われない
- 飲み会に誘われなくなった

ポイント

○現職で存在価値を発揮しているか考えてみる
○期待されていない状況を自ら作っていないか自問自答する

中高年の転職について

今の会社に存在価値を見出せず60歳以降の雇用継続が難しい場合は、転職を検討すべきですが、中高年の転職は思っている以上に厳しい現実があります。法律の改正により募集年齢を原則として掲載できなくなりましたが、35歳くらいまでの人材を採用したいと考えている企業が多いのも事実です。

中高年の人が転職する上で特に注意しなければいけない点は、企業が求めているスキルや経験があることはもちろんですが、これまでの経験を通じてさらにプラスアルファのメリットを打ち出すことです。企業は、同じ能力の人材であれば、賃金が安く使いやすい若年層を採用します。マネジメント能力や具体的な実績から、即戦力として成果があげられる人材であることをアピールすることが大切です。

中高年の転職では、これまでの経験を強みとして転職するケースと、未経験であっても中高年だからこそ活かせる職種、あるいは人が集まりにくい職種に転職する方法があります。

たとえば施設管理職、介護職、施工管理職、運転手といったケースがあります。未経験の職種であっても、マンション管理士、介護福祉士、電気工事士、大型免許といった資格を所持していることで、短期間で戦力になれることがアピールできます。

これまでの培った技術や管理能力をウリにするならば、人材紹介会社や40歳以降の技術者、管理職を対象にした人材銀行の案件から応募することができます。

中高年の転職者の中には、直接企業へ応募して不採用になることを嫌い、人材紹介会社からの紹介をひたすら待っている人がいますが、企業が求めている経験や能力を満たしていなければ、紹介は受けられません。転職市場を理解する上でも、自ら積極的に応募することが必要です。

転職先が60歳までしか勤務できない企業であれば、あえて転職すべきではないかもしれません。60歳以降も継続して仕事がしたいなら、この点についても企業を見極める上でチェックしましょう。

中高年の求職者の中には、やってきたことしかできないという人がいますが、企業が求めている人材に近づく意欲と柔軟性がなければ採用されません。経験がない仕事でも必要とされるなら、短期間で習得して戦力になる熱意と意欲が求められます。

企業は、あなたを採用することでどのようなメリットがあるかを見極めています。これまでの豊富な経験があるからこそ、企業が求めている人材と合致し、より貢献できる人材であることを採用担当者に示してください。中高年の転職は、やりたいことの実現ではなく、できることで実績を上げていく姿勢が求められています。

ポイント

○ 豊富な経験から企業が求めている人材以上の戦力になることを伝える

○ 受身ではなく自ら積極的に転職活動を行う

退職後を楽観視しない

過去の転職がうまくいったからといって、今後もうまくいくわけではありません。転職する年齢が35歳と50歳では、転職市場のニーズはまったく違います。

企業が求人に募集年齢を原則として掲載できなくなりましたが、不足している年齢層を採用したいという条件を提示し、依然として採用年齢を設けている企業は少なくありません。そして、多くの企業が30歳、あるいは35歳までの人といった条件を提示しています。

人材紹介会社に頼めば何とかしてくれると考えている中高年の人もいますが、企業が人材紹介会社に依頼する条件が高ければ、「経験が豊富」というだけでは紹介を受けられない可能性があります。

これまで企業人として頑張ってきたので、退職後はこれまでの人脈を活かし、独立を考えている人もいるかもしれませんが、これまでの肩書や企業名がまったく役に立たなくなる現実が待っています。

会社に勤務していたときには、「退職後も協力します」と言ってくれた取引先が、肩書きや名刺がなくなった途端、手の掌を返したように冷めた関係になることもよくあります。

フランチャイズに加盟すれば、企業の成功ノウハウを提供してもらえるので、失敗はしないと信じて独立を考えている人もいると思いますが、安易な考えで独立すれば、すぐに資金が底をつく場合もあります。

今まで休まず仕事をしてきたから、数カ月間、海外旅行などでリフレッシュしてから60歳以降のことを考えようという人も、若い世代と違い、なかなか実社会へ戻れなくなる危険性があります。また、体力だけは自信があると過信している人もいますが、間違いなく年齢が増すごとに体力が衰えて、昔のような頑張りがきかなくなります。

これまでは、会社の方針や指示に従い仕事をしてきたあなたも、これからは自分で今後の方針や指針を立てていかなければならないのです。

企業の一員であれば、損失も会社がリカバリーしてくれましたが、独立後の失敗は、すべてあなた自身に降りかかるのです。

何とかなるという楽観的な考えでは、何ともなりません。漠然と将来に憧れを持っていても、行動に移さなければ何も変わりません。

昔はよかったと嘆くような人生ではなく、現状を認識した上で、将来をさらによくする構想について具体的に考えましょう。現実は決して甘くはありません。現実を認識し、将来に備えることからスタートすることが大切です。

ポイント

○これまでの成功事例が通用するとは限らない
○現実から逃避し何とかなるという考えは通用しない

他人の目を気にしない

今後の仕事を選択する上で、他人と比較するのではなく、あなたの価値観や満足度を優先させる選択をしていきましょう。

人生は一度きりです。新卒で入社したときは、先生や周囲の意見が優先されたかもしれませんが、中高年である現在は、周囲の目を気にせずに、あなたの考えで選択するべきです。

他人に負けたくないという気持ちを発奮材料にするのはよいですが、他人の目を気にし過ぎてやりたいことが選択できないようでは、中高年の人生がつまらなくなります。

中高年のキャリアで大切なことは、できることに対して頑張る姿が、かっこ悪いなどと思わずに最大限の努力をすることです。中高年の転職や独立で弊害になるのが、プライドが高く打たれ弱い点があげられます。

たとえば、転職活動でも数社不採用になっただけで、また不採用になりたくないという気持ちから自ら応募することを躊躇し、人材紹介会社を使った求職活動のみしか行わず、紹介を受けられずに転職活動が停滞してしまう人がいます。自分が傷つきたくないなどと思っているようでは、攻めの転職活動ができません。誰でも不採用になればよい気持ちになりませんが、不採用になった企業を見返してやるくらいのパワーを、中高年の人には持ってもらいたいと思います。

面接模擬を行うと、若年層と中高年では入室時の挨拶がまったく違います。新卒採用であれば学校で指導されることもあり、「失礼します。」と元気がよく歯切れのよい挨拶をしますが、中高年の人の挨拶は、人生に重荷を背負っていることを印象させる元気がなく細々とした挨拶をする人が多いです。挨拶が恥ずかしくてできないと考えているようでは、転職してもうまくいきません。

中高年だからこそ、若年層以上に元気がよい挨拶をして、好印象を与えてください。独立も同様です。ビジネスチャンスは人と同じことをしていては、なかなかつかめません。これまで管理職として仕事をしてきた人の中には、部下や取引先から頭を下げられることがあっても人に頭を下げることができないと考えている人もいます。独立すれば、会社の盾がなくなります。だからこそ頭を下げることに抵抗があれば、周囲に協力者は表れません。プライドが邪魔するようでは、独立してもビジネスはうまくいかないでしょう。

周囲の目を気にし過ぎていると、「何でこんなことをやらなければいけないんだ」という気持ちが先行してしまいます。周囲の目など気にせず正しいと思ったことは率先して行動することが大切です。

他人と比較をして、「羨ましい」「自分の境遇が不遇だ」と思っているだけでは何も変わりません。残されたこれからの人生は、他人との比較ではなく、あなたができることを精一杯行う人生と考えていきましょう。

ポイント

○他人との比較が中高年のキャリア構築の弊害になる

○周囲の目を気にせず思ったことを実践する

中高年の独立について

60歳以降の雇用を考える上で、雇われない生き方を考えている人もいると思いますが、60歳を迎えたら趣味を活かして独立しようという考えでは、うまくいかないでしょう。

雇われない生き方とは、これまで毎月決まった給与をもらっていた生活から一変し、自ら稼がなければ生活できません。やりたことを優先して60歳で退職した後に独立する道もありますが、成功するための相当な確信がなければ、生活費を稼ぐどころか借金が増えていく生活になるかもしれません。

たとえば「パン職人になる」「蕎麦屋を経営したい」といったこれまで、できなかったことを独立して行いたいという気持ちは理解できます。しかし、始めたからすぐに成功するとは限りません。ましてや同業他社が多い業態であれば、競争も激しく素人が行ってもうまくいくものではないのです。

本気でパン職人になりたい、蕎麦屋を経営したいと思うのなら、60歳を待たずに行うべきです。60歳から商売を始めて失敗すればリカバリーができませんが、40代であれば失敗しても立ち直る時間があります。

フランチャイズに加盟して独立すれば、うまくいくと思っている人も多いですが、よく見極める必要があります。そもそも誰がやってもうまくいく商売などありません。確かにゼロからスタートするより成功のノウハウを得た上で行えば、失敗するリスクは少ないかもしれませんが、誰でも成功できる保証はないと自覚して取り組むべきです。

また、市場のニーズに合えば、事業資金をそれほどかけずにこれまでの経験を強みとして独立することもできます。たとえば、ソニーのペット型ロボット「アイボ」の修理部門がなくなり今後修理ができなくなると報道されました。そのとき、ユーザーの不安に応えるため、これまでソニーの技術に携わってきた人たちが、アイボを修理する会社を立ち上げました。このように、市場のニーズとこれまで培った技術を活かして独立できれば、成功する可能性も高くなります。

独立には、家族との話し合いも必要です。やりたいことを実現したいというロマンから退職金を事業資金に回し、お店や商売を始めることで、夫婦関係が悪くなったという話をよく聞きます。

特に退職金を充てることで老後の蓄えがなくなるリスクもあります。独立したいのなら、退職金とは別に事業資金を蓄えた上で、スタートするべきでしょう。

雇われない生き方に魅力もありますが、事業の業態、商材、サービスの見極めだけでなく、リスクをどのように回避するかという計画を立てることも重要となります。

ポイント

○趣味の延長では事業として成り立たない
○リスク回避についても充分検討する

60歳以降の生活費を算出する

60歳以降の生活費は、3000万円から4000万円の生活資金が必要だといわれていますが、60歳の時点で退職金を数千万円もらえる人以外は、3000万円以上の預貯金がある人は少ないと思います。

60歳で定年退職をして、年金で生活していく場合、生活水準を落としたくなければ相当額の預貯金が必要となります。しかし、70歳まで現役を続けていくという考えであれば、60歳の時点で預貯金がそれほどなくても悲観することはありません。むしろ60歳でリタイアという考えではなく、60歳以降で仕事を極めるという発想を持つのはいかがでしょうか。

60歳以降の所得が減るという前提で考えるのではなく、現状より多くの収入を得る方法について考えてみることも大切です。60歳以降の収入が減少するという既成概念に捉われると、60歳以降の仕事に希望が持てなくなります。希望が持てなければ、表情も暗くなりチャンスを引き寄せることができません。

少なくても現状維持もしくは、より多くの収入を得たいという気持ちでキャリアを考えれば、仕事をしなければいけないという受身から、最善を尽くすという攻めの仕事に変わります。


あなたは、現在の生活費について知っていますか？

すべて奥様に任せていて、食費、光熱費が毎月どれくらいかかっているかわからないという人も多いと思います。この機会に現在の生活費と60歳以降の子供の学費やローンの返済を除いた具体的な生活費について算出し、理想とする生活をするために必要な金額を計算してみましょう。

現実問題として、現職に留まることで減給が発生する人もいます。独立をすることで現在の収入を維持できないリスクも考慮しなければいけません。

現実を逃避して何とかなるだろうという考えではなく、60歳以降の生活についてきちんと見据えた上で、今後のプランを考えましょう。

現状の生活費

収　入　　　　　　　　　円
支　出　　　　　　　　　円
（食費、水道光熱費、ローン返済額、子供の学費、娯楽費・交際費、小遣い）
預貯金　　　　　　　　　円　　　その他　　　　　円

60歳以降の生活費

収　入　　　　　　　　　円
支　出　　　　　　　　　円
（食費、水道光熱費、ローン返済額、子供の学費、娯楽費・交際費、小遣い）
預貯金　　　　　　　　　円　　　その他　　　　　円

ポイント

○ 60歳以降の生活費を算出し、必要な収入を検討する
○ 生活水準を下げずに、どうしたら理想の生活ができるかを考える

年金・退職金をあてにしない

60歳でリタイアという考えであれば、退職金を生活費に充当するという考えは間違いではありませんが、健康状態に問題がなければ60歳は、あくまでも通過点であり、リタイアという発想は持つべきではありません。

60歳以降の生活費を考える上で、厚生労働省から送られてくる「ねんきん定期便」などから、年金支給開始年齢と支給予想額をチェックしてみてください。ただし、あくまでも予想金額であり、今後の情勢によっては支給開始時期や金額が変わることが予想できます。

健康状態に問題がなければ、70歳までは年金に頼らない生活を考えるべきです。仕事内容によっては、75歳までも可能です。もらわなければ損という捉え方では、仕事へのモチベーションが低下し、生活に張りを失ってしまいます。

最初から70歳までは年金をあてにしないという姿勢で今後のキャリアを考えれば、仕事の価値観が違ってくるでしょう。

退職金を生活費や独立資金に充当するという考えも、できる限り避けるべきです。最近は、転職で入社する社員も多く、勤続年数が短いために退職金が多く支給されないケースもあります。中には、退職金がいくら支給されるのかわからず、もらった時点で額の少なさに愕然としたという話も聞きます。

退職後の生活を設計する上で、退職金のおおよその支給額については、退職金の規定などをチェックして事前に知っておきましょう。退職金は、将来、所得がなくなったときに、年金だけでは生活できない生活費を補てんするという生活設計をしてみてください。70歳が仕事のリタイア時期であれば、70歳以降に充当すべきです。

また、退職金を独立資金にあてることは、リスクが大きいことを理解しておきましょう。自分が長年働いてきた功績だから何に使っても構わないと考えて、配偶者に相談もせず独立資金にあてる人がいますが、これまで働いてきたのは、配偶者の功績も大きいはずです。相談もなく自分のお金だという考えでは、配偶者との関係に亀裂が入ってしまいます。

独立資金に退職金をあてる場合は、独立を計画した時点で退職金とは別に、独立資金をコツコツと貯金するという考えで事業計画を検討すべきです。

株やFXなどに投資することも、リスクを充分考慮すべきです。元金が保障されていない投資では、一瞬にしてすべてを失ってしまうことがあることも理解しておきましょう。生活資金ではなく、失っても生活に支障をきたさない範囲で行わなければ、長年頑張ってきて支給される退職金があっという間になくなってしまう可能性もあるのです。

ポイント

- ○退職金、年金を生活費に充てるのは70歳以降と考える
- ○退職金を独立資金に充てることは避ける

コラム

若さは年齢ではない

誰でも年齢が増すにつれて肉体的に衰えてきますが、その分、これまでの人生経験が蓄積されていきます。若年層にはない豊富な経験を、ぜひプラスに転じて欲しいのです。

人生経験が長いことで保守的になり、チャレンジする前から「できない」「難しい」などと、できない理由を並べるのではなく、経験を活かした上で積極的にチャレンジしていく中高年であれば、言われたことしかやらない若年層よりずっと若さがあります。若さとは年齢ではなく、向上心であり、チャレンジ精神だと思います。

最近は、大学などに通う、中高年の人が増えているそうですが、とても良い傾向だと思います。「何も今さら…」と思う人もいるかもしれませんが、新しい知識を吸収していこうとする姿勢こそチャレンジ精神であり、若さなのです。勉強したいという気持ちに年齢は関係ありません。

既成概念に捉われず、やりたいことやできることに全力投球で打ち込む人は、年齢など関係ないのです。結果や苦労ばかり気にしているようでは、若さがないつまらない人生になってしまいます。

年齢など気にせず、これまでやりたくてもできなかったことがあれば、ぜひチャレンジしましょう。

第2章

仕事に対する考え方・行動を変える

60歳から仕事の集大成を築く

60歳で仕事人生が終わる「定年リタイア」という概念では、60歳以降の仕事はうまくいきません。時代が変わり今後70歳まで働くことが求められる時代となっていきます。高齢者というのではなく、仕事の経験を積んできたプロフェッショナルとして、「60歳以降の10年間で集大成を築く」という発想に転換していきましょう。

目標が見えないと日々の仕事をこなすだけで終わってしまいます。60歳という年齢は仕事の転換期です。60歳から70歳でどのようなゴールを目指すのかを考えてください。ゴールは会社主体でなくてもかまいません。あなたが目指したいゴールに向けての通過点が60歳なのです。

現職に留まりゴールを目指す道もあります。現職ではなく転職や独立をしてゴールを目指す人もいるでしょう。

転職を考えているならば、60歳ではなく、それ以前に転職をすべきかもしれません。これまで培ってきた経験を活かして転職先企業へ貢献したいという意欲のある転職であれば、60歳まで待つ必要はありません。

独立も同様に仕事の集大成が独立であれば、60歳まで待たずに独立をすべきです。退職金を満額もらいたいという理由だけで60歳まで在籍すれば、退職金を満額もらえても独立する際のリスクを乗り越えられない可能性があります。

60歳が終着点ではありません。60歳が高齢者ではありません。

60歳は、キャリアゴールを目指すための通過点なのです。気持ちの持ち方で、表情や態度も変わります。60歳が高齢者だと考えていれば、60歳以降の仕事は惰性で行うかもしれません。約40年間の経験を活かして社会貢献したいという意欲があれば、高齢者などと考えないはずです。

「リタイア」「定年」というネガティブな言葉を排除していきましょう。60歳を通過点として、どのようなゴールを目指すのか、今後の道筋を考えていきましょう。

「仕事人生は終わった。これからは楽をしたい」と考えている人にビジネスチャンスは訪れません。

「まだ60歳」と「もう60歳」では、今後の人生は大きく違います。これから自分の思うような仕事ができるくらいのパワーを持って、ワクワクした人生を描いていきましょう。

勢いのある人は、年齢に関わらず表情が違います。語る言葉も否定的な言葉を発しません。捉え方を変えるだけで、あなたの人生も変わるのです。

ポイント

○ 60歳はキャリアゴールに向けての通過点に過ぎない

○ 定年リタイアという言葉を排除する

会社に尽くすから会社を利用する

これまで会社のために長年尽力してきたあなたは、会社中心の生活だったと思います。これからは、会社に貢献しながらあなた自身のために汎用できるスキルや知識を高めるようにしていきましょう。

スキルを高めることは、会社にとってもメリットがあり、それ以上に今後のあなたの人生で役立ちます。

「今さら覚えることなど…」と考えていては、今後の人生は明るくありません。資格やスキルがすべてではありませんが、覚えることに早い、遅いはありません。職務能力を示す上でも資格は武器になります。時間を有効に使い自己啓発することで、今後の選択肢が広がります。

会社に在職していることで、社内研修だけでなく外部の研修に参加できる企業もあります。忙しいからと避けていた人は、ぜひ新しい知識を吸収していきましょう。社員研修であっても見方を変えると、今後に役立つ内容が多く盛り込まれています。

会社組織は、個人ではできない大きな仕事ができます。見方を変えれば、仕事の経験はすべてあなたの糧になります。嫌々やる仕事から得るものはありませんが、今後に活かせないかという視点で考えれば、現職の仕事に打ち込む意欲が変わってきます。会社のために尽くすという奉公的な発想から、自分自身を高めるための仕事をしていきましょう。

取引先との良好な人間関係は、独立を視野に入れているならば、将来の協力者になるかもしれません。転職先企業として、「ぜひ我が社に来ないか?」と誘われる可能性もあります。あなたが現職の仕事に打ち込み、取引先から職務能力を評価されることで、将来への道が開かれるのです。

仕事は、会社のために犠牲的精神で行うものではありません。今後を視野に入れて仕事に打ち込むことでやりたいことが見えてきます。

会社の指示に従い、自分を犠牲にして仕事を行うことは受身の捉え方かもしれませんが、会社を利用するというのは、能動的に自分自身のために仕事を行うことであります。

どんな仕事でも、一人だけでできる仕事はありません。退職後の名刺の効果は、ないかもしれませんが、あなたへの信頼や評価は、退職後も変わらないはずです。

どうせ辞めるからという姿勢の社員は、態度や表情だけでなく仕事の質も変わります。自社の社員だけでなく取引先の社員は、何も言わないかもしれませんがあなたの気持ちを読み取っています。

残された時間はそう長くはありません。今まで以上に会社のためではなく、自分のために仕事をしていきましょう。

ポイント

○会社の研修制度や人間関係を将来に備えて活用する
○やらされている仕事ではなく、攻めの仕事をする

仕事にやりがいと価値観を見出す

現在の仕事に留まるか否かは、あなたが企業にどれだけ必要とされているかどうかで決まります。現職に留まることは、環境に変化がないためリスクが少ないように思われますが、留まっても必要とされていないという状況であれば、毎日が退屈で苦痛の時間になります。

仕事に価値観を見出すことで、生活にも張りが出ます。しかし、時間をつぶすだけの仕事環境が予測できるのであれば、留まる選択から必要とされる企業に転職するという発想を持ちましょう。

自社で存在価値を見出せない人の中には、本人に問題があるケースもあります。「他の社員と良好な人間関係が築けない」「仕事を意欲的に取り組まない」「できないことを覚えようとしない」など、あなたの行動や態度に問題があれば、環境を変えても意味がないかもしれません。また、「上司と折が合わない」「これまでの提案をことごとく否定された」などが原因で、あなたが意欲的ではない根本的な理由があるケースは、環境が変わらなければ仕事に価値観を見出すのは難しいでしょう。

怠慢に仕事をしている人の中には、仕事がどんなにつまらなくても給与が貰えればよいと開き直っている人がいますが、企業は慈善事業で社員を雇っているわけではありません。

65歳までの雇用延長に伴い、人件費の高騰が経営を圧迫する中では、制度は確立したものの必要としない社員のリストラを積極的に行う可能性があります。誰でも希望者は雇用延長ができる半面、解雇要件に該当すれば雇用延長は認められないのです。

家族のために我慢をしながら仕事を行ってきた人もいるでしょう。しかし、これからの仕事は、あなたを必要とする企業でイキイキと働くことを考えてください。

現職に留まるだけが選択肢ではありません。これまでの経験は、あなたの財産です。あなたを必要とする企業へ転職し存在価値を発揮するという発想の転換をしてみてください。企業で認められないならば、その悔しさをバネにして独立する道もあります。

仕事は、生活の中で多くの時間を費やします。せっかく時間を費やすならば、少しでもやりがいを感じ、周囲に感謝される仕事ができる環境を目指していきましょう。

行動しなければ、何も変わりません。一歩踏み出すことで、これまで考えてきた道と違った道が見えてきます。

ポイント

○ 現職が必要とされていなければ環境を変える道を選択する
○ 必要とされていると感じるとき、仕事にやりがいと価値観を見出せる

「やりたいこと」から「できること」を重視する

これまで、できなかったことをやりたいと考えるのは間違いではありませんが、培ってきた経験と関連性のある「できること」を仕事に選ぶべきです。

中高年の転職市場では、原則としてこれまでの実績や成果を重視します。短期間で戦力となる人材を求める企業が多く、未経験の職種では、なかなか採用には至りません。中高年で未経験の応募者を採用するなら、指導がしやすい若年層を採用したいのが企業の本音なのです。

ただし、転職市場でも人が集まりにくい仕事であれば、未経験の職種でも採用される可能性があります。

たとえば、マンション管理、施設管理、運転手であれば、マンション管理士、電気工事士、大型自動車免許などの資格を持っていれば、採用されるケースがあります。

転職市場では、これまでの経験をウリにして即戦力として貢献できる企業への転職、もしくは人が集まりにくい中高年でも働ける環境の企業への転職を検討すべきでしょう。

独立も同様に、資金力があればその道のプロに任せて、経営に専念することもできます。しかし、通常は、オーナー自ら汗水流して働かなければ、利益などでません。

かっこいいビジネスは誰でも参入し、ましてや憧れだけで知識や経験がなければ、失敗するリスクが増大します。これまでの経験と関連性のあるビジネスであれば、独立後も少なからず自信と信念を持って取り組めるはずです。

また、できることをさらに伸ばすことで適性を見出し、やりたいことに転換することもあります。環境が変われば同職種でも、違った一面が見えてきます。これまでの経験だけで先入観が先走り、できることを避ける人がいますが、市場のニーズを汲み取り、今後の仕事を考えてみるべきです。

業界や業態が違っても、汎用できるスキルや経験はあります。これまでの経験を無駄にしないためにも、全く関連性のないビジネスではなく、経験を活かし汎用性のある強みを発揮できる仕事を考えていきましょう。

20代、30代であれば、「なりたい自分」を目指すことは可能ですが、40代以降であれば、「なるべき自分」を目指しましょう。できることであれば、スペシャリストになる時間も短縮できます。

仕事で成功するか否かは、時間とも関係します。中高年の転職や独立であれば、限られた時間の中で多くのことを習得しビジネスを成功させなければいけません。隣の芝生はよく見えるものです。地に足を付けて、現在のあなたのスキルや経験を活かし、できることを考えていきましょう。

ポイント

- ○ 40代以降はなりたい自分ではなくなるべき自分を目指す
- ○ できることの延長がビジネスを成功させる

チャンスは行動に移すことで掴むことができる

ひらめきがあっても行動に移さなければ何も変わりません。これまで家族のために行動に移すことを躊躇してきた人もいるかと思いますが、これから先のキャリアは、あなたが一歩踏み出すことでスタートします。

じっくり考えることも大切ですが、考えている間にチャンスが遠のいてしまうこともあります。興味がある求人情報があれば、積極的に応募をして採用担当者に会ってみましょう。興味はあるけど仕事が忙しいという理由で躊躇しているようでは、何年経っても忙しいという理由で実行に移せません。

行動を起こすことは、リスクもありますが、行動せずに後悔するくらいなら、行動してみるべきです。行動してうまくいかなくても、そこから得るものはきっと大きいはずです。

中高年になると少なからず保守的になる傾向があります。長年にわたって会社の方針に従い、ひたむきに仕事をしてきた人にとって、自分の人生のために行動することはあまり経験がないかもしれません。しかし、一歩踏み出し行動することで、あなたの転職市場の価値が理解できます。

今さら転職など難しいと思っていたのが、現職より良い条件で採用されるかもしれません。一方、市場価値があると考えていたのが、思いのほか良い結果につながらず、現職に留まろうという決断につながることもあります。

経験が豊富な中高年の転職では、これまでの経験を評価されて思いもよらぬ職種を提示されることもあります。転職市場は、需要と供給のバランスで成り立っています。欲しい人材が少なければ、あなたが何とも思わない経験でも高く評価されることがあるのです。

独立も常にチャンスがあるわけではありません。フランチャイズ加盟を考えているなら、まずは資料を取り寄せて担当者から話を聞いてみましょう。

転職も独立もあなた一人で考えているだけでは答えはでません。考えているだけでやらない理由を見つけることは簡単です。どちらも100％成功する保障などないのですから、できない理由をあげて、やるべきではないという結論を出してしまえばよいからです。

中高年であれば、失敗したときのリカバリーの時間があまりないので、じっくり検討することが悪いわけではありません。ただし、否定から入らずに、できる可能性に主体を置いて検討してみてください。また、現在の状況だけではなく、70歳までのキャリアを踏まえた上で考えるべきです。

悩んでいるだけでは、時間が経過するだけです。実際に行動に移し、できるタイミングを逃さないようにしましょう。

ポイント

○ 悩んでいるだけでは何も変わらない

○ チャンスは行動に移すことで得ることができる

「できない」ではなく「できる」方法を考える

あなたは「もう若くないから」という言葉が口癖になっていませんか？　若くないということを理由にチャレンジ精神が錆びているようでは、あなたが満足できるキャリア構築は難しいかもしれません。

中高年の転職者が企業に受け入れられない理由として、これまでの経験だけをウリにして転職先に馴染もうとせず、チャレンジ精神に欠けている求職者が多いことです。無鉄砲にチャレンジすればよいわけではありませんが、新たなことにチャレンジする気持ちがなくなれば、現職でも転職先でも、うまくいきません。

転職先企業で実績をあげられないと、「前の職場では…」と前職の実績や成果を自慢し、「この会社は…」と転職先企業の体制を批判する中高年の人がいます。過去の栄光はあくまでも過去のことであり、経験を糧に転職企業で成果をあげられなければ、必要とされない人材になってしまいます。

何かを始めるのに早い、遅いはありません。現状を壊したくないと保守的な考えで生活すれば、現状の生活も維持できなくなるかもしれません。

「今さら覚えることなんて…」「最近覚えが悪くて…」は、すべて自己防衛のための言い訳です。人生80年から90年になろうとしている中で、40代、50代は中間点に過ぎません。できない言い訳をするくらいなら、「どうしたらできるか」を真剣に考えるべきです。

若年層は、経験不足から失敗はするかもしれませんが、失敗しても年齢を理由に言い訳はしません。仕事が慢性化している人は、最近チャレンジしたことを自問自答してみてください。日々同じことの繰り返しで、問題意識を持たずに新たなチャレンジを怠れば、時代に取り残されてしまいます。

また、「経験がないからできない」とあっさり言葉に出す転職者がいますが、できないならばなぜ覚えようとしないのでしょうか。プライドが邪魔するならば、隠れて勉強することもできるはずです。自己啓発を怠り、最初から経験がないからできないと言葉に出す社員は、企業で必要のない人材です。

中高年だから若い社員に質問をすることができないと考えているようでは、若い社員との距離は開く一方です。新しい技術を習得する能力は若い社員のほうが優れているかもしれませんが、習得しようする気持ちがあれば、時間が少しかかるかもしれませんが、中高年の社員も問題なくできます。

仕事は自ら限界を設けるものではありません。チャレンジ精神があれば、60代、70代もイキイキと働くことができるのです。

ポイント

○できない理由ではなくできる方法を考える
○何かを始めるのに早い、遅いはない

「変われない」という言い訳をしない

時代の流れは、急速に変化しています。新卒で就職した当時は、終身雇用が当たり前の時代であり、60歳で定年を迎えたら年金をもらいながら好きなことをやろうと考えていた人もいると思います。

しかし、平均寿命が延び、年金の支給開始年齢が引き上げられ、本人が希望するなら65歳まで雇用する制度が義務付けられた現在では、仕事をせず60歳以降を悠々自適に過ごせる人は、稀だと思います。

仕事を完全にリタイアし、自宅でのんびり過ごすことができるのであれば、無理して変わる必要もありません。しかし、仕事を継続するなら、あなたの良さを活かした上で、中高年特有のマイナス面について変えていかなければ、社会人として受け入れられないのです。

学生から新卒で就職した当時を思い出してください。挨拶の仕方、仕事の進め方、上司や顧客との関わり方など、社会人として必要なビジネスマナーを新入社員研修で受けた人も多いと思います。中高年を迎えた今だからこそ、今後のキャリア構築や周囲とのコミュニケーションの取り方について新たに考え直してみる時期なのかもしれません。

中高年だから変えられないというのではなく、中高年の頑固さとプライドが変わろうとしないのです。

仕事をしていく上で企業で働くなら、既存の社員だけでなく、取引先や顧客との人間関係が重要となります。相手の気持ちを汲み取れず自己主張が強いようでは、中高年に限らずビジネスで成果を出すことはできません。

会社組織の人間関係は、仲良しこよしの関係ではありませんが、お互いを尊重しつつ、組織の仲間として実績を上げることが求められます。年齢が高いから若い社員とコミュニケーションが取れないのではなく、今さら若い社員にこちらから言葉を投げかけたくないというプライドが邪魔をしているのです。

変わろうとしなければ、変わりません。「個性だから仕方がない」という言い訳は、仕事では通用しません。

年齢が増すごとに何も今さらという気持ちになる人がいますが、あなたが変わることであなたの周囲の人が変わります。相手を思いやり、気持ちを汲み取って、相手の期待に応えようとすれば、年代のジェネレーションギャップなどすぐに解消されます。

あなたが相手に無愛想で対応すれば、あなたの気持ちが相手の表情に表れます。苦手な分野だからと覚えようとしなければ、65歳まで雇用が延長されても、すぐに解雇される可能性があります。変わろうとする努力は、年齢に関係ありません。必要とされる人材になるためには、変わらなければならないのです。

ポイント

○年齢を理由にできない、変えられないという言葉を発しない

○相手の気持ちに応えることから良好な人間関係が始まる

素直な気持ちで周囲の人に接する

中高年の人の中には、プライドが高いためチャンスを逃してしまう人がいます。特に若い世代の人と距離を置けば、相手から近づいてくることは、ほとんどありません。

「今さらこんなことができるか…」と考えているようでは、閉鎖的な仕事しかできなくなります。

これまで培ってきた経験を否定するわけではありません。むしろ誇りに思うべきですが、これまでの経験だけでは、現在の世の中の速い流れの中では、もはや通用しないことを自覚すべきです。新しい技術を否定して、旧態依然とした方法で取り組んでいるようでは、取り残されてしまうのです。

「現職に留まる」「転職する」「独立する」のいずれの道でも、大切なことは意地を張らず素直な気持ちで周囲の人と接することです。素直になると、当たり前のようなことでも感謝の気持ちが芽生えます。感謝の気持ちが芽生えると「ありがとう」の言葉が自然と出てくるのです。

あなたは、部下の仕事に対して感謝の気持ちを言葉に出していますか？

仕事だから当たり前という考えではなく、周囲の行動に対して感謝の気持ちを言葉で示すことから始めてみましょう。

これまで、大企業に在籍していてコピーなど自分で取ったことがない人が、転職先では、コピーを取り資料を作成しなければいけないケースはいくらでもあります。「何で俺がコピーを…」と考えれば、表情や態度が周囲に伝わり、良好な人間関係など作れるわけがありません。使い方がわからなければ「教えてください」と素直に言える人が、ビジネスでも成功するのです。

知識や技術も同様に、わからなければ素直な気持ちで習得すればよいのです。中高年の転職者の中には、「前職では経験しなかったからできない」と声を大にして言う人がいますが、経験がなければ自己啓発してでも覚える行動力が求められます。

転職希望者の支援をしていて感じることですが、アドバイスをしても真剣に聞き入れず、わかったふりをしている人は、良い結果につながりません。年齢に関係なくアドバイスを素直に受入れて実践する人が、転職でも思うような成果をあげています。

中高年だからこそ、より素直な気持ちで人と接することを意識しましょう。人生80年と考えれば、まだまだ中間点を少し過ぎたくらいなのです。頑固さから新しいことを受入れていく気持ちがなければ、どんどん取り残されていきます。プライドが高く頑固な人は、いつのまにか周囲に協力者がいなくなります。素直な気持ちの人には、周囲の人もあなたに近づき協力をしてくれるようになります。

ポイント

○素直な気持ちで接することで良好な人間関係が構築できる

○できないことが恥ずかしいわけではなく、やろうとしないことが恥ずかしい

日頃から笑顔を意識的に作る

あなたは、最近笑っていますか？

転職希望者の支援をしていて思うのは、中高年になると無愛想になり笑顔が少ない人が多いことです。

笑顔が人を惹きつけます。あなたが笑顔で相手に接すれば、相手の表情も笑顔になります。若い社員と距離感を感じる人は、口角を少し上げて笑顔で接することを意識しましょう。そして、相手の話に共感し笑顔で頷きながら聞くようにしてみてください。

欧米では、挨拶をするときに、「アイブロウフラッシュ」という、0・5秒くらい目を大きく開いて相手と仲よくしたいという意志を示す方法があります。職場でも親しくなりたい意志を、あなたから示すことで、これまでと違った人間関係が構築できます。

しかめっ面で仕事をしてれば、あなたに近づく人はいません。部下は、あなたが考えている以上に上司の表情をチェックしています。

経営者の多くが、コミュニケーションを取るときに笑顔を作るのが上手いと思います。ビジネスで良好な関係を築くことが今後の成功につながることを理解しているので、笑顔で相手の話に頷きながら聞くことで話が弾み、新たなビジネスチャンスが生まれるのです。

威厳を保つ意識が強いと笑顔がなくなり、表情が暗くなります。表情を少し意識するだけで、大きなチャンスが訪れるかもしれません。

面接の入室指導では、経験豊富な中高年の人に比べて、新卒の学生のほうが元気で覇気のある挨拶をします。中高年の人は、恥ずかしい気持ちもあると思いますが、声も小さく人生に重荷を背負っているような暗い表情で挨拶をする人が多いです。若いときと違い、誰でも少なからず顔の表情は年齢と共に劣化し、表情がなくなっていきます。だからこそ意識的に表情を作らなければ、あなたの気持ちは相手に伝わりません。

今日から周囲の人に口角を少し上げて笑顔で接することを意識しましょう。朝の挨拶もいつもより少し大きく張りのある声で「おはようございます」と言ってみてください。しかめっ面では、チャンスは遠のきます。逆に笑顔はチャンスを引き寄せるのです。

今さら表情など変えられないと思っている人は、高齢者かもしれません。イキイキと輝くために、鏡であなたの表情を確認してみてください。無表情で愛想が悪い表情だなと感じれば、口角を少し上げ目を大きく開いて笑顔を作る練習をしましょう。顔の筋肉は使わなければどんどん衰えていきます。日頃から笑顔を意識していれば、自然と素敵な笑顔が作られるようになり、人を惹きつけることができるのです。

ポイント

○しかめっ面で無表情では、人は近づかない

○意識的に口角を上げて目をやや開く

身だしなみに気を遣い自分を磨く

あなたは、身だしなみに気を遣っていますか？

中高年になると今さら身だしなみなんてと思う人がいますが、中高年だからこそ身だしなみには気を遣うべきです。鏡の前の表情を見て、覇気や若さがないと感じたら、逆にイメージチェンジができるチャンスだと思いましょう。

自分に関心がなければ、今後のキャリア構築もうまくいきません。数年先のあなた自身をイメージしてください。疲れてやつれているイメージしか浮かばなければ、現在の環境を変えることが必要かもしれません。

身だしなみは、服装だけでなく髭や体臭にも気を遣いましょう。少し気にするだけで相手に与える印象が変わります。同窓会に出席すると同年齢でありながら、老けて名前も出てこない友人がいる一方、イメージがよく年齢より若く見えて前向きな会話をする友人がいます。

自分磨きは、服装や持ち物だけではありません。中高年になると、その人の生き方が表情に表れるのです。前向きに生き、内面を磨くことで表情や態度といった外面にも人間性が表れます。自分に無関心でありながら、他人を羨ましがる人がいますが、このような人の多くが自分磨きをせず、自分自身を悲観しています。そして、悲観するだけで、自ら行動しようとしません。

これまで会社や家族のために必死に頑張ってきた人も、これからは自分に投資をしてください。


最近は、服装をコーディネートしてくれる専門家を置いている百貨店や専門店があります。費用はかかりますが、カラーコーディネートも行ってくれますので、一度経験するのもよいでしょう。

仕事をする上で、かっこいいあなた自身をイメージしてください。ワクワクした気持ちが、仕事を行うエネルギーになります。

年齢がいくつになっても自己啓発は大切です。今さら覚えることなんてないと思うこと自体、老化現象の現れです。中高年だからこそ会社の指示ではなく、あなたがやりたいことを実践する新たなチャレンジが必要です。
自分磨きを実践すると、相手の言葉や態度に対して繊細になり、気を遣える人になります。周囲に好感を持たれるためにも、これからは自分磨きを積極的に行っていきましょう。

ポイント

○自分に無関心な人は、他人にも無関心でビジネスで成功しない
○中高年は、自分磨きによって大きく変われる

コラム

50代で異業種への転職

求職支援を行っていた50代のAさんが、営業職から社団法人の所長に転職しました。これまでと違った職種ということもあり、最初はうまくいくか心配しましたが、営業職で培った経験からか非常に明るく、年齢を感じさせないパワーを感じました。Aさんからは「年齢が高いからうまくいかないかもしれない」という言葉は、一度も聞きませんでした。

とはいえ所長職の経験がない50代の求職者が、簡単に採用されるわけがありません。話をしている中で応募する法人が開催するセミナーに何度か参加したことがあることを知り、そこから応募企業とのつながりをアピールしました。さらに、営業職として培ったコミュニケーション能力やマネジメント能力を強みとして積極的に打ち出すようアドバイスをしました。

50代の求職者の中には、アドバイスをしても積極的に動こうとしない人がいますが、Aさんは、すぐにアピールポイントを整理し、何度も面接模擬を行いました。

Aさんの転職活動から、応募企業への入社意欲と求められている職務について、戦力として貢献できることを具体的に示せば、年齢に関係なく採用されるチャンンスがあると改めて実感しました。

第3章
今やるべき5つのステップ

これまでのキャリアを棚卸する

今後に向けてやるべきことをやろうと考えても、何をすればよいのかわからない人も多いと思います。この章では、これまでの経験を振り返り、適性や強みを把握した上で、現在の市場をリサーチし、今後の方向性を決めるための5つのステップについて考えていきましょう。

今後の方向性については、配偶者や家族と話し合い理解を得ることも必要となります。あなたがやりたいことを実践しても、その結果、家族に迷惑がかかるようでは、正しい選択とはいえません。

方向性が見えてきたら具体的なタイムスケジュールに落とし込みます。いつかやろうと曖昧な気持ちでは、いつまでたっても実現しません。おおよそのスケジュールを組むことで、やるべきことが見えてきます。

今やるべき5つのステップ

❶能力を見極める（今後活かせる職務能力や強みを考えます）
❷情報をリサーチする（情報がなければ選択できません）
❸家族と話し合う（仕事や今後の生活について家族と話します）
❹方向性を考える（志向、優先事項を明確にして今後の方向を考えます）
❺ゴールへの道筋を描く（目指すゴールが決まったらスケジュールを組みます）

新卒で就職してから数十年経過していると、現職で行っている職務についてはは理解しているが、過去の仕事については記憶が薄れています。これまで行った仕事を過去から現在まで静かな場所で時間をかけて箇条書きですべて書き出してください。実績や評価なども簡潔に記載します。今後、活かせる職務能力は、現在の仕事だけとは限りません。過去を思い起こすことで、忘れていたあなたの強みが発見できるかもしれません。

これまでの経験はあなたの財産です。転職する際は、応募企業が求めている人材を想定して、書き出した職務経験から必要な部分をアピールしましょう。

職務経歴の棚卸

会社名　　　　　　　　　　　（期間　　　　年～　　　　年）

【携わった職務】　　　　　　【実績・評価】

会社名　　　　　　　　　　　（期間　　　　年～　　　　年）

【携わった職務】　　　　　　【実績・評価】

会社名　　　　　　　　　　　（期間　　　　年～　　　　年）

【携わった職務】　　　　　　【実績・評価】

【ステップ①】能力を見極める
自分のアピールポイントを考える

「あなたの仕事のアピールポイントは何ですか？」と問われて、すぐに答えられない人が多いと思います。優秀な能力があっても謙遜してアピールしようとしない中高年の人もいます。これまでの経験を踏まえてあなたのアピールポイントについて考えていきましょう。

次のページのアピールポイントのチェックリストの（　）の中に、それぞれ点数をつけていきましょう。一番得点の高い能力が、あなたのアピールポイントになると考えてみてください。

【アピールポイントのチェックリスト】

（※はい…2点　どちらでもない…1点　いいえ…0点）

マネジメント能力

● 5名以上の部下を統率している……………（　　）

● 部下の能力を引き出し、成果をあげている………（　　）

● 部門の予算管理、目標管理を的確に遂行できる………（　　）

マネジメント能力 □ 点

専門知識・技術力

● 社内において仕事のスペシャリストとして突出している………（　　）

● 最新の技術、知識、スキルを常に習得している………（　　）

● 他社が欲しがる技術力がある……………（　　）

専門知識・技術力 □ 点

情報収集・分析能力

● 社内外の情報収集に長けており、ネットワークがある………（　　）

● トレンドをつかむことに長けており、客観的に分析できる………（　　）
● 業務でうまくいかないときは、必ず原因を分析し対処する………（　　）

情報収集・分析能力 □ 点

目標達成・戦略能力

● 会社の目標は、ほぼ達成してきた……………………………（　　）
● 業務を遂行するためのスケジュールを綿密に構築し実行できる…（　　）
● 既存の方法に捉われず、新しい方策を構築する………………（　　）

目標達成・戦略能力 □ 点

対人理解・交渉力

● 上層部、社外の関係者と良好な人間関係を構築している………（　　）
● 意見が反する人でも、積極的に会話をする……………………（　　）
● 集団を一つにまとめリーダーシップを発揮できる……………（　　）

対人理解・交渉力 □ 点

判断能力・遂行能力

● 状況を判断し、既存の方法であっても変更できる……………（　　）
● 任された仕事は、納期を守りほとんどミスを犯さない…………（　　）
● 自分で決めた計画は、最後までやりぬく……………………（　　）

判断能力・遂行能力 □ 点

行動力・職業意欲

● やりたくない仕事も、最後までやりとげる……………………（　　）
● 結果にこだわり、うまくいかない場合は対策を講じる…………（　　）
● 周囲の人間に反対されても、信念を持ってやり通す…………（　　）

行動力・職業意欲 □ 点

【ステップ①】能力を見極める

汎用できるスキル・強みを明確にする

職務経歴の棚卸とアピールポイントを整理することで、これまで行ってきた仕事の記憶が蘇ったと思います。この項目では、書き出した職務とアピールポイントから他社でも汎用できる経験を具体的に書き出してみましょう。独立を希望している人も同様にイメージしている仕事において活かせるスキル、強みを書き出してみてください。

現職の経験が長いと自社では通用するが、他社では役に立たない職務もあります。転職先企業では、あなたがやってきたことではなく、これまでの経験から汎用できるスキルや経験を求めています。

中高年の転職であれば、採用担当者に考えさせるのではなく、自らアピールする必要があります。この段階では、まだ具体的な企業は決まっていないかもしれませんが、これまでの経験からウリとなる能力をピックアップして書き出してみましょう。

　現在の会社で今後も勤務する予定の人は、必要となる職務を想定した上で、棚卸したこれまでの経験から、活かせる（活かしたい）職務能力を書き出してください。

　書き出した職務能力の下に具体的な事例（成果・実績など）を簡潔に書きます。

他社でも活かせる職務能力を書き出す

①＿＿＿＿＿＿＿＿＿＿

具体的な経験事例

②＿＿＿＿＿＿＿＿＿＿

具体的な経験事例

③＿＿＿＿＿＿＿＿＿＿

具体的な経験事例

次に、今後習得したい資格やスキルを書き出してください。中高年だからこそ意欲的に自己啓発することが大切です。これまでの経験を活かして、よりスペシャリストとしてスキルを高めることが求められます。未経験の分野を希望する場合は、どのような資格、スキルが求められるか考えてみてください。

習得したい資格、スキルを書き出す

①＿＿＿＿＿＿＿＿＿＿＿＿＿＿＿＿

習得することで期待できること（　　　　　　　　　　）

②＿＿＿＿＿＿＿＿＿＿＿＿＿＿＿＿

習得することで期待できること（　　　　　　　　　　）

③＿＿＿＿＿＿＿＿＿＿＿＿＿＿＿＿

習得することで期待できること（　　　　　　　　　　）

【ステップ①】能力を見極める

健康管理に注意する

中高年であれば健康管理に注意する必要があります。意欲や能力があっても健康でなければ仕事はできません。60歳からを仕事の集大成にするならば、身体のメンテナンスは欠かせません。

気持ちは若くても誰もがいずれ老いていくのです。大病をしたことがない人は、自分の健康を過信する傾向があります。最近では、予防医療が積極的に行われていますので、定期的な健康診断を欠かさずに行い、検査が必要であれば必ず受診しましょう。

中高年になると、さまざまな病気のリスクが発生します。特に脳梗塞、脳腫瘍などのリスクが高まりますので、脳ドッグを検査してみるとよいかもしれません。また、50歳を過ぎると物忘れがひどくなる人がいます。少なからず脳が劣化していきますので、新しいことにチャレンジしたり、コミュニケーションを積極的に取ることは、脳の劣化予防になるそうです。

他にも、中高年では、加齢により、つまずいたり転んだりして大けがをすることや更年期障害や代謝が悪くなり体重が増加するだけでなく、内蔵脂肪が蓄積される傾向もあります。

長年仕事を頑張ってきた人は、少しくらいの病気で会社を休むことなどできないと考えますが、仕事は短期決戦ではありません。これから70歳まで仕事を継続するためには、病気の予防だけでなく普段と違う兆候があれば、躊躇せず病院で診察してもらいましょう。

独立を視野に入れている人は、特に健康状態には注意が必要です。独立後、病気になり仕事ができなくなれば収入面だけでなく対外的な信用を失う可能性があります。企業に在籍していれば一定の生活保障は得られますし、他の社員が引き継ぐことで対外的な損失を与えずに済みます。選択肢は独立だけではないのですから、まずは健康を第一に考えましょう。

現職を病気で辞めた場合、転職できないのではと不安になる人がいますが、病気が業務に支障を与えるかどうかがポイントになります。完治して支障を与えないのなら、あえて告知せずに転職することもできます。転職後も勤務中に通院が必要な場合などは、採用前に伝える必要があります。

年齢が増すごとにさまざまな老化現象が出てきますが、医者と相談した上でうまく病気と付き合いながら仕事をしていくことが大切です。そして、病気を防ぐためにも現状の健康状態を常に把握し、過信し過ぎないようにしていきましょう。

ポイント

○中高年特有の病気を理解し、予防に努める

○健康状態を把握しながら今後の方向性を決める

【ステップ②】情報をリサーチする
転職市場を分析する

やりたいことがあっても市場で必要とされていなければうまくいきません。転職であれば求人サイトや人材紹介会社のポータルサイトを確認します。求人情報から、関連する求人件数、職務内容、採用条件、待遇などをチェックします。希望職種の求人件数が少なければ、応募者が殺到する可能性もありますし、逆に転職市場として需要が少ないのかもしれません。年齢制限を設けている企業もありますので確認してみましょう。待遇面についてあまりにも条件が悪ければ、転職すべきではないかもしれません。

人材紹介会社の求人は、より求められている職務が明確なことが多いです。これまでの経験と当てはまれば採用されるチャンスはありますが、関連しなければ紹介は受けられないでしょう。

中高年で管理職もしくは技術者であれば、全国の主要都市にある人材銀行の求人情報もチェックしてみましょう。40歳以上の求人が掲載されていますので、中高年の求職者に合致する案件が多いといえます。

転職は、学歴や前職の企業名ではなく、求められている職務能力と合致するか、さらに中高年であれば管理能力で見極められます。前職が一流企業でも一部の仕事のみ行ってきた求職者では、中小企業の多くの仕事を兼務するニーズに合致せず、採用に至らないことがあります。

転職市場について求人情報からチェックするだけでなく、人材紹介会社のコーディネーターに相談をして就きたい職種への情報を得ることができます。

他にも中高年の転職では、人脈からうまくいくこともあります。信頼のおける友人や知人に相談をしてみるのもよいでしょう。ただし、自社の同僚や上司には、転職が決まるまで内密に行動しないといけません。転職しないとなったときに「辞めることを考えた社員だ」というレッテルが張られて、その後の仕事がやりにくくなります。

あなたの経験を活かせる企業なら、募集をしていなくても、中小企業であれば経営者宛、大企業であれば人事部長宛てに、履歴書や職務経歴書を送付し直接売り込む方法があります。確立は少ないですが、興味を持たれれば他の応募者がいないので、採用される確率は高くなります。

今の会社で悶々とした日々を過ごすくらいなら、転職市場での価値を知る上でも情報を収集してみましょう。

ただし、求人サイトの写真が若い社員のみ掲載している企業や、第二新卒歓迎、20代が活躍しているといった内容が記載されている企業の場合、中高年ではなく若年層の採用を主体にしている可能性があるので注意が必要です。

多くの内定をもらう必要はないのです。あなたのこれまでの経験に興味を示す企業と出会うためにも、次の転職市場をまずはチェックしてみましょう。

求人サイト

【メリット】

- 直接企業にコンタクトができ、自由に応募できる
- 受身ではなく攻めの転職活動ができる
- 豊富な求人情報からセレクトできる

【デメリット】

- 原則として自ら行動しなければならない
- 対面によるサポートが受けにくい

人材紹介会社

【メリット】

- 個別のサポートが受けられる
- 非公開求人に応募できる
- コーディネーターが企業とコンタクトを取る

【デメリット】

- 該当しなければ紹介を受けられない
- 直接企業とコンタクトが取りにくい

ハローワーク

【メリット】

- 全国の豊富な求人情報を扱っている
- 担当者のサポートが受けられる
- 職業訓練を受講できる

【デメリット】

- 企業情報がわかりにくい
- 求人の信憑性が曖昧なケースがある

人材銀行

【メリット】

- 原則として40代以降の求人であり、応募者が絞られる

【デメリット】

- 技術者、管理職を対象にしているため該当しない可能性がある

知人・友人の紹介

【メリット】

● 面接までいけば採用される可能性が高い

【デメリット】

● 紹介のため入社を断りにくい

● 転職活動の情報が漏れる可能性がある

ダイレクトに応募

【メリット】

● 興味を持たれれば、他の応募者がいないため採用されやすい

【デメリット】

● 求人を行っているわけではないので面接まで進む確立は低い

ポイント

○ 求人サイト、人材紹介会社、人材銀行など幅広く情報を収集する

○ 情報の収集方法によるメリット・デメリットを把握する

○ 自社に内密に行動し実際に応募してみる

【ステップ②】情報をリサーチする

フランチャイズ・業務委託を分析する

フランチャイズや業務委託の情報もインターネットの専門サイトから情報を得ることができます。まずは興味のあるフランチャイズや業務委託の資料を取り寄せてみるべきですが、資料だけではわからない部分も多いので、説明会に参加し、話を聞いてみることをお勧めします。

可能であれば加盟しているフランチャイジー（加盟者）の話を聞くことで、担当者では聞けない実情が把握できることもあります。

フランチャイズ企業が一同に集まるフェアでは、多くのフランチャイズを比較検討するだけでなく、担当者から直接話を聞くことができます。独立を希望している人は、ぜひ参加してみましょう。

また、開業に伴う費用や市場性を知ることで、資金面だけでなく市場の将来性について検討することができます。一定期間収入を保証するフランチャイズもありますが、必ず成功するフランチャイズであれば、誰もが参入します。うまい話だけするようなフランチャイズであれば、注意が必要です。

業務委託では、これまでの仕事のつながりから契約に結びつくケースもありますので、あなたの職務能力を知る友人、知人、あるいは以前の取引先企業の担当者に相談をしてみる方法があります。

ポイント

- ○ **フランチャイズの資料だけで判断せず、積極的に説明会に参加する**
- ○ **フランチャイジーからの情報も参考にする**
- ○ **業務委託として仕事を請け負う可能性を検討する**

【ステップ②】情報をリサーチする

会社の意向を探る

60歳以降も今の会社にこのまま継続して勤務する場合は、まずは会社の雇用に関する情報を収集しましょう。会社の就業規則を確認するだけでなく、60歳を迎えた先輩社員から直接ヒアリングをしてみることをお勧めします。

法制化されたことで、形式的に65歳までの雇用延長をしているケースも考えられます。本人の希望で65歳まで勤務するということは、本人が希望しなければ雇用の義務は発生しませんので、60歳までと大幅に違う雇用条件を提示されることも予測できますし、退職勧奨を行っているかもしれません。

今の会社に思い入れがあり、できれば継続して勤務したい意向を信頼のおける上司に伝えた上で、雇用継続について打診してみるのもよいでしょう。上司の言葉だけでなく、上司が語るときの表情や態度から会社の意向を見極めることができます。

上司と相談をして好条件を提示されても60歳に到達するまでの期間が数年先であれば、一定の判断材料にはなりますが、上司の言葉を全面的に鵜呑みにしないほうがよいでしょう。数年先については、誰も予測はできません。社内に権力抗争があれば、数年先の上司の権限について必ずしも現状と同様とはいえません。

仕事は賃金や労働条件だけではありませんが、どれだけ必要とされているかを見極めることが大切です。生活費のためと割り切って60歳以降も5年間仕事をするのは、仕事の集大成という意味でも残念なことです。

現職で勤務を継続した場合、60歳時点で、どのようなポジションに就ける可能性があるのかを考えてみることです。同時にそのポジションに就くためにやらなければいけないことを書き出してみましょう。

企業は個人の力だけでなく、周囲の社員が大きく影響します。せっかく能力があっても周囲とうまくいかず能力を発揮できなければ、転職すべきかもしれません。会社が60歳を超えても残ってもらいたいと思う人材になれるか見極めることが重要になります。

60歳以降について会社の意向が判明したら、「今後残るべきか」「退職すべきか」を考えてください。転職を考えているならば、好条件で転職できるタイミングがあります。60歳時点で転職しようと思えば、現職で勤務するより条件が悪くなる可能性が高いのです。

現職で特に問題がなければ、継続して勤務できるのが理想です。しかし、60歳以降の雇用の実態を知らずに会社のレールに従って行くだけでは、仕事にやりがいや価値観を見出せなくなります。60歳まで時間があるときこそ、今の会社における60歳以降の雇用状況について、リサーチすることが大切なのです。

自社の雇用延長について情報を収集

- 就業規則を確認する
- 雇用延長をしている社員に話を聞く
- 信頼のおける上司に相談する
- おおよその労働条件を予測する
- 自社で必要とされる人材になれるか検討する

【ステップ②】情報をリサーチする

外部との人脈を広げる

情報収集する上で、外部の人脈を広げることを考えてみましょう。異業種交流会やセミナーなどに積極的に参加してみるのもよいことです。

自社で長く勤務していると、他社の状況がわからなくなります。業種、業界を問わず人脈を広げることで、今後の方向性を検討するのに役立つ情報を得ることもできます。

外部セミナーや研修では、聴講するだけでなく、参加者同士の名刺交換を行うとよいでしょう。今の会社では話せない内容でも、他社の社員には話ができることがあります。今後について考えるとき、広い視点で捉えてみると、解決策が見つかることもあります。

高年齢者雇用安定法は新しい制度ですので、他社の状況を知ることで自社の制度の是非についても判断できます。営業職であれば、社外の人脈もありますが、事務部門や後方支援部門では、なかなか社外の人脈を作ることはできません。休日を利用して意欲的に社外の交流を深める努力が必要となります。

中高年の転職では、人脈による紹介で決まるケースも多いですが、社外交流で知り合った人から思わぬ紹介をしてもらえることも少なくありません。行動しなければ、情報が少なく選択肢は狭くなります。中高年のキャリアでは、固定観念に捉われず、あらゆる可能性についてリサーチすべきです。そして、情報は持っているだけでは、役立ちません。得た情報を吟味し、今後のキャリアにどのように役立てることができるか検討することが大切になります。

外部との人脈を広げることが、将来活かせるケースもありますので、これまで同窓会に出席しなかった人は、出席してみるのもよいでしょう。同窓生ということで一定の信頼がありますので、確実な情報を得るだけでなく、将来につながるビジネスチャンスがあるかもしれません。

出世している同窓生を羨ましく思うようでは、あなた自身の向上はありません。同窓生は、ビジネスの付き合いと違い、対等に語りあうことができる仲間なのです。お互いを比較するのではなく、心おきなく付き合える友人として捉えてください。

ビジネス上ではない社外の人脈は、あなたが行動しなければ作れません。中高年で求められているのは、行動力と積極性です。あなたの人生は、あなた自身が築いていくという信念で、意欲的に交流するようにしていきましょう。

ポイント

○社外の交流会やセミナーで情報を得る

○同窓会などを活用し人脈を広げる

【ステップ③】家族と話し合う
配偶者とコミュニケーションをとる

若い年代と違い、中高年のキャリア構築では、配偶者や家族の理解が必要です。長年連れ添ってくれた相手だから理解してくれるというのは、自己中心的な考えで、定年と同時に離婚するケースも珍しくありません。

子供のことは配偶者にまかせっきりで、会社一筋に人生を送ってきた人も多いと思います。子育ても終わりやっと自分の時間が持てると思った矢先に、生活面で苦労するというのは、相手も快く理解してくれないかもしれません。

定年後を含めたライフプランについて、配偶者と話し合うことが大切です。あなたがやりたいことを実現するのと同時に、配偶者にもやりたいことがあるはずです。生活費を稼いでいるというおごりから、コミュニケーションを怠り、自分勝手に行動するようでは、夫婦生活はうまくいきません。

多くの配偶者は、あなたがイキイキと生活してくれることを期待しています。そして、できればリスクが少ない道を選んでもらいたいと考えています。思いつきや根拠のないうまい話だけでは、納得してもらえないだけでなく、夫婦関係に亀裂が入るかもしれません。

これまで会社で辛抱してきたから、これからは好きなことがやりたいというのが本音であっても、配偶者もこれからは自分の好きなことをやりたいのです。仕事を続けてこれたのは、配偶者がいたからこそ実現できたことも多いはずです。日ごろ、会話が少ない夫婦でも、これからの人生を二人で考える時間は、とても大切なものになります。

コミュニケーションで大切なことは、相手の話を聞き共感することです。相手の立場になり話を聞いてください。うわの空で話を聞いていれば、話をしても無駄だと感じます。話すことより相手の意見や考えを聞く姿勢が、良好な人間関係につながります。

仕事がすべてではないはずです。あなたのこれからの選択が、配偶者や家族に大きな影響を与えることを理解した上で、相手の意見を尊重しながら話をしてください。

家事をまかせっきりで家庭を顧みない生活を送ってきた人もいるかと思いますが、ぜひこの機会に配偶者を外食に誘いゆっくり会話をするのもよいでしょう。

中高年の内定者が内定を辞退する理由として、配偶者や家族に反対されたというケースがあります。家族に内緒で転職活動を行い内定をもらったものの、会社が変わることに不安を覚えて反対されて入社できない人もいます。家族の理解を得るためにも、充分なリサーチを行った上で、信念を持って相談をしましょう。

ポイント
○今後の人生について配偶者、家族と相談をする
○相談をせず勝手に決めれば、関係に亀裂が入る

【ステップ③】家族と話し合う

生活設計を立てる

あなたは、現在の生活費がどのくらいかかっているかご存知ですか？

今後の仕事を検討するために、生活費を把握した上で生活設計を立てる必要があります。

やりたいことをやると主張し、生活が成り立たなくなれば元も子もありません。現在の生活費を把握し、今後について配偶者と共に考えてみましょう。

仮に現職で勤務を継続した場合、現在の収入から70％に収入が減ると予測する場合は、「70％の収入で成り立つ生活をする」か「減収分30％を副業などで補てんして現状の生活を維持する」のどちらかを考える必要があります。

現在は、子供の教育費やローンの返済があるが、60歳以降これらの費用がかからなくなるのであれば、減収分を補てんできるかもしれません。

退職金が多くない場合は、老後に備えて貯蓄も必要です。生活は、収入と支出のバランスが大切です。減収した場合、何を切りつめられるか、考えてみる必要があるでしょう。

65歳以上になれば年金である程度補てんはできるかもしれませんが、年金だけではかなり厳しい生活になります。生活スタイルによっても異なりますが、理想とする生活でかかる経費を踏まえた上で、今から将来に備えた生活設計を考えることが大切です。

ポイント

○ 60歳以降のライフスタイルを検討する
○ 60歳以降の生活費の収支についてシミュレーションする

【ステップ④】方向性を考える

弊害となる問題点を解決する

今後の選択肢について、弊害になる問題点と解決策について考える必要があります。リスクばかり考えていては前向きな行動はできませんが、中高年であれば、あらかじめ予測できるリスクを想定した上で、解決策がないか検討しましょう。

環境が変われば、すべてがよくなるわけではありません。客観的に状況を判断し、あきらめるという決断をすることもあります。

何となくうまくいくだろうでは、うまくいかなかったとき対応できませんが、リスクを理解していれば、起こりうる出来事に対して冷静に対応できます。

問題点は、起こりうる問題を事前に予測できず直面することです。なるようになるという行動は、中高年であればできる限り避けなければいけません。

現職、転職、独立で弊害になる問題点と解決方法について考えてみましょう。

転職の問題点・解決方法

- 既存社員と馴染めず成果をあげられない
  - ➡ 内定後に既存社員と会う機会を設けてもらう
- 60歳以降の雇用についてわからない
  - ➡ 入社前にキャリアパス、昇格の可能性について確認する
- 成果があげられるか不安がある
  - ➡ 入社前に期待されている職務を具体的に確認をする
- あまり経験がない分野で期待されている
  - ➡ 自己啓発を含めてできるか検討する
- 収入について明確ではない
  - ➡ 内定後に雇用契約書（書面）をもらう
- 人間関係で不安がある
  - ➡ あせらず入社後、人間関係について観察する

現職の問題点・解決方法

- 60歳以降の減収に不安がある
  ⬇ 信頼できる上司、もしくは人事に相談をする
- 今後、収入が増えるかわからない
  ⬇ 現職の昇格チャンス、キャリアパスについて検討する
- 出向、転籍の可能性がある
  ⬇ 出向は原則拒否できないので、出向後の仕事について検討する
- 会社の業績がよくない
  ⬇ 管理職であれば問題点の解決に尽し、転職を検討する
- 現職でやりがいを見出せない
  ⬇ 自己分析した上で、配置転換を含めて相談する
- 労働条件が悪い
  ⬇ 転職市場のリサーチ、今後の自社の改善見込みを予測し検討する

独立の問題点・解決方法

- 資金繰りに不安がある
  ➡ 起業支援の融資を検討し、無理をして開業しない
- フランチャイズの本部体制に不安がある
  ➡ 不安な面について相談をして検討する
- 成功する自信がわからない
  ➡ 不安があれば無理をせず、フランチャイジー（加盟者）の話を聞く
- 家族が反対している
  ➡ 中高年であれば原則として家族の反対があれば行わない
- 興味のある業種ではない
  ➡ なぜ興味を持てないか分析をした上でよく検討する
- 収入面で不安がある
  ➡ 可能であれば副業としてスタートしてみる

【ステップ④】方向性を考える

今後の方向性について検討する

現状を客観的に判断して、今後の志向についてチェックしてみましょう。得点が多いタイプが、今後を考える上で、現在適している方向性といえるでしょう。あくまでも現在の状況であり、今後変化する可能性もあります。現状をよく見つめて今後の方向性について考えてみましょう。

次の志向分析チェックリストの(　)の中に、それぞれ点数をつけていきましょう。一番得点の高いタイプが、あなたの志向タイプになると考えてみてください。

【志向分析チェックリスト】

（※はい…2点　どちらでもない…1点　いいえ…0点）

現状維持タイプ

- 現在の仕事に満足しておりできれば継続して働きたい……（　）
- 60歳以上の減収も特に預貯金や副収入があり問題ない……（　）
- 現職の上司から高い評価を得ている……………………（　）
- 社内で人望があり人間関係は良好である………………（　）
- 継承できる技術や戦術がある……………………………（　）
- 現職に恩義がある…………………………………………（　）
- 現職で他の社員より特質した職務能力がある…………（　）
- 60歳以上の社員が働きやすい環境である………………（　）
- 社内抗争、派閥に巻き込まれる恐れは少ない…………（　）

合計　□　点

転職タイプ

- 環境が変わっても適応力がある……………………（　　）
- 他社でも汎用できる職務能力がある………………（　　）
- 現職において将来に不安がある……………………（　　）
- 適切な評価がされていないと感じている…………（　　）
- 現職と異なる業界、職種に就きたい………………（　　）
- 求人情報から応募してみたい求人がある…………（　　）
- 転職後どのような仕事でも行う覚悟がある………（　　）
- 転職後の活躍する姿をイメージできる……………（　　）
- マネジメント能力もしくは特質した技術がある……（　　）

合計　□　点

独立タイプ

- 雇われない生き方がしたい……………………………（　　）
- 半年程度は収入がなくても生活できる（退職金を除く）………（　　）
- リスクがあっても、より高い報酬を得たい……………（　　）
- 独立において、どんなことでも行う覚悟がある…………（　　）
- 健康や体力に心配はない…………………………………（　　）
- 現在、副業でビジネスを行っている……………………（　　）
- 独立後、支援してくれる人脈がある……………………（　　）
- これまでもマネジメントの経験があり長けている……（　　）
- 独立しても提供できる技術や資格がある………………（　　）

合計□点

【ステップ④】方向性を考える

優先事項を明確にする

転職や独立を考えている人は、やりたいことや夢を実現したいという気持ちが強いかもしれませんが、すべてをかなえることは難しいでしょう。

転職や独立では、あなたに合う会社や事業について優先事項が曖昧ですと、選択の判断を誤る可能性があります。優先事項が明確であれば、少なくても優先事項について満たされているのか見極めた上で転職や独立をしますので、ブレが少なくなります。

転職先企業あるいはフランチャイズを選択するときに何を優先したいのか、思いつくままに書き出してみてください。書き出したものの中から、どうしても譲れない項目の（　）に◎を付けて、優先事項を確認しましょう。

優先事項を明確にする

＿＿＿＿＿＿＿＿＿＿＿＿＿＿＿＿＿＿＿＿　(　　)

＿＿＿＿＿＿＿＿＿＿＿＿＿＿＿＿＿＿＿＿　(　　)

＿＿＿＿＿＿＿＿＿＿＿＿＿＿＿＿＿＿＿＿　(　　)

＿＿＿＿＿＿＿＿＿＿＿＿＿＿＿＿＿＿＿＿　(　　)

＿＿＿＿＿＿＿＿＿＿＿＿＿＿＿＿＿＿＿＿　(　　)

【転職の優先事項の例】

・これまでの経験を活かせる仕事に就く
・年収をアップしたい
・労働環境の良い企業に転職したい
・60歳以降も大幅な減収がなく勤務したい
・安定している企業に転職したい
・中高年が活躍できる企業へ転職したい
・通勤時間を短縮したい
・転勤のない企業へ転職したい
・海外勤務のある企業を選択したい
・福利厚生がしっかりしている企業を選択したい
・キャリアパスが明確な企業を選択したい
・技術を評価してくれる企業を選択したい

【独立の優先事項の例】

・一定期間売上保証をしてくるフランチャイズに加盟したい
・これまでの経験を活かして独立したい
・年収をアップしたい
・フランチャイジー同士の連携が強いフランチャイズに加盟したい
・中高年のフランチャイジーが多い
・開業資金の負担が少ない

【ステップ⑤】ゴールへの道筋を描く

キャリアプランを時間軸で計画する

方向性、優先事項が明確になったら、どのようなキャリアのゴールを目指すのか書き出してみましょう。漠然と考えているだけでは、いつまでたっても実現しません。キャリアのゴールは今後の状況によって変わることもありますが、現在あなたが目指すゴールを考えることで、やるべきことが見えてきます。

キャリアプランを具体的に考える

- 目指すゴールは何か
- 時期（　　歳まで）
- ゴールを実現するために行うべきことは何か
- ゴールを目指す上で弊害になることは何か
- 弊害になる要因をどのようにクリアするか

キャリアプランを時系列で書き出す

	仕事で実践すること	達成目標	予測できる弊害	弊害のクリア方法
歳				
歳				
歳				
歳				
歳				
歳				
歳				
歳				
歳				
歳				
歳				

ゴール

※（例）50歳までに部長職、55歳で役員など

コラム

70代でも現役社員で必要とされている

私の知り合いのBさんは、70代になりましたが、現役社員として今も頑張っています。特にアピールがうまいわけでもなく黙々と仕事をされる人なのですが、1つだけ特徴をあげるとしたら、Bさんだからこそできる仕事が常にあるという点です。

今から10数年前に企業のIT化が話題になったときも、当時50代後半のBさんは、社内でITや社内ネットワークについて精通していました。もちろん、自分の知識だけではなく、IT系企業の担当者から得る情報なども、いち早く実践し、社内で一目置かれていたのです。

いまだにパソコンは苦手だと堂々と語る50代の人がいますが、自ら仕事ができないとアピールしているようなものです。苦手であれば隠れてでも覚えようとするパワーがなければ、中高年の人は必要のない社員になってしまいます。

Bさんは、年齢などまったく気にせず、会社で必要なものであれば興味を持ち、徹底的に調べて導入の先駆者として存在価値を発揮してきました。そして、今でもその仕事の取り組み方は、若い人以上に向上心があり何も変わらないのです。

第4章
転職を成功させる秘訣

プラスアルファの能力をアピールする

中高年の転職では、若年層と同じアピールでは採用されません。求められている職務について条件を満たしているだけでなく、さらに発揮できる能力をアピールしましょう。

「年齢が高いですが、頑張ります。」ではなく、豊富な経験から「〇〇の分野にも能力を発揮できます。」とアピールすることで、採用担当者にお得感を与えることが大切です。

転職は、新卒採用と違い職務能力が評価されます。特に中高年の応募者の経験は、さまざまなので、面接官がこれまでの経験から違う分野の職務を打診されることがあります。私も以前、外資系の再就職支援会社のキャリアカウンセラーに応募したことがありましたが、「カウンセラーではなく翻訳をしてみませんか？」と面接で打診されました。条件も提示されていた待遇よりかなり好条件でした。

年齢が高いから難しいというのではなく、経験が豊富だから短期間で戦力として貢献できると考えて応募すべきです。高飛車な態度はいけませんが、最初から駄目だろうという自信がない態度では、採用したいとは思いません。

企業の募集要項から求められている人材を読み取りましょう。たとえば、営業職から管理職候補の事務職の募集であっても、管理能力だけでなく営業経験から交渉力やコミュニケーション能力をアピールすれば、事務職経験者以上に興味を持たれる可能性があります。

総務職の募集でも、中小企業であれば総務職だけでなく、経理経験があれば将来管理部門を統括してもらいたいと考えるかもしれません。ただし、さまざまな経験があることで、求めている職務に対してアピールが弱くなってしまわないよう注意してください。企業が求めている職務と合致する部分を強調した上で、プラスアルファとして活かせる部分をアピールしましょう。

職務経歴書では、求められている職務経験と合致する部分を強調し、さらに応募企業で活かせる職務能力を想定して記載すると興味を持ってもらえます。

転職は、他の応募者との相対評価ですので、中高年の応募者が他の応募者より有利にアピールするためには、求められている職務に対してスペシャリストであるだけでなく、豊富な経験が応募企業で活かせることを記載する必要があるのです。

企業ごとに必要としている人材が違います。募集要項で求めている人材を読み取った上で、職務経歴書で戦力になる人材であることをアピールし、さらに面接では面接官の言葉から想定して、これまでの経験が活かせることを伝えていきましょう。

ポイント

○ **求められている職務を強調してアピールする**
○ **求められている職務以外に活かせる職務経験をアピールする**

中高年の採用の懸念を払拭する

中高年が採用されにくい理由として、年齢が高いからと考えている人が多いと思いますが、50歳代でも採用される人はいます。採用担当者の中高年に対する懸念を払拭すれば、これまでの豊富な経験を必要とする企業と出会えるのです。漠然と「年齢が高いから採用されないんだ」と考えていては、いつまでも転職はうまくいきません。

中高年を必要としている企業は、どちらかといえば大企業ではなく、人が集まりにくい中小企業といえます。大企業であれば豊富に人材がいますので、あえて外部から中高年を受け入れようとは思いません。中高年の転職者を採用したいと企業が考えるのは、既存の社員では対応できない職務を外部から採用して補てんしたいと考えるケースが多いのです。

「組織がまだ確立していない」「経理部門が弱い」「統括できる人材がいない」

といった中小企業であれば、中高年の経験豊富な人材を採用したいと考えます。若年層ではマネジメント経験が少ないため、対応できない分野に採用されるチャンスもあるのです。

中高年が採用されない理由の1つとして、これまでの経験はアピールできるものの、応募企業で何ができるかという点のアピールが不足している点があげられます。できないことをできるとアピールするのは問題ですが、積極性に欠け、チャレンジ精神がなければ採用には至りません。

応募企業を良くしていきたいという意欲に欠け、現職が思うようにいかないから転職するという意欲のない応募者もいます。過去がどうであれ、現在の職務能力や経験を活かして会社に貢献してもらいたいと企業は考えていますが、若さがなく惰性で仕事を行うような姿勢では、採用したいとは思いません。

他にも中高年では、給与面で折り合わないケースがあります。別の見方をすれば、給与面で折り合わない企業は、求めている職務について若年層で充分対応できると考えています。このような企業へ応募しても、採用したい年齢層が違いますので、優秀な人材でも中高年が採用されることは難しいでしょう。

転職は、需要と供給が関連して待遇が決まることが多く、求める人材が少なければ好条件を提示しますが、応募者が多い職務であれば採用側が有利になり、好条件は提示しません。

また、中高年の転職者が既存社員と馴染めないことを懸念する企業もあり、上司が年下になることで、使いにくいと判断します。そして、定年退職まで数年しかないため、長期間の活躍が期待できないことを嫌う場合もあります。

企業の中高年に対する懸念材用を払拭することを考えなければ、なかなか採用には至らないのです。応募者も中高年だから転職は難しいという懸念を持たずに臨みましょう。難しいと最初からあきらめていれば、あなたの気持ちが表情や態度に表れます。「中高年だからこそ企業貢献できる」と自信を持てば、転職活動はうまくいきます。

ポイント

○中高年に対する企業の不安を払拭する
○応募者も中高年だから難しいという気持ちを払拭する

中高年の転職者の魅力を考える

中高年の転職が難しいという既成概念を覆す上で、「なぜ、中高年が採用されにくいのか」「中高年の転職希望者の魅力は何か」について、もう少し掘り下げて考えていきましょう。

中高年の転職希望者が受入れなれない理由と対応策

- 若年層でも対応できる
  - ⬇ 中小企業を中心に応募企業を検討する
- 若さがない
  - ⬇ 応募企業で心機一転頑張る姿勢を示す
- 過去の自慢が多い

- ●既存社員の年齢層が若いので使いにくい
  - ⬇過去の経験からできることを具体的に考える
  - ⬇豊富な経験から適応力をアピールする
- ●新しいことを覚えられず職務能力で劣る
  - ⬇向上心を持って自己啓発することをアピールする
- ●健康状態に懸念がある
  - ⬇健康管理に留意していることを伝える
- ●前職経験が長いため新たな環境に馴染めない
  - ⬇新たな気持ちでチャレンジすることを伝える
- ●給与面で折り合わない
  - ⬇企業の提示額で入社し、昇給、昇格のチャンスを検討する
- ●長期間勤務できない
  - ⬇可能であれば70歳まで現役で頑張れることを示す

● 柔軟性に欠ける

⬇ チャレンジ精神を示す

● 固執した考えで融通がきかない

⬇ 適応能力を示す

このように見てみると、中高年だから採用されないという理由が漠然としたものだと理解できます。

確かに若い社員が多い企業では、企業として使いにくい一面がありますが、本人の性格や対応でカバーできる部分もあります。

給与は、給与規定では年齢給が高いため高額になるかもしれませんが、初任給は安い賃金からスタートしても構わないので、入社後に実力を見極めてほしいと伝えることもできます。

職務能力で劣る部分は本人の能力なので何ともいえませんが、自己啓発することで補えます。

この点からも中高年だから採用されないという認識で臨む必要はないのです。

次に中高年の転職希望者の魅力について考えてみましょう。

中高年の転職希望者の魅力

- 豊富な経験からプラスアルファの能力を発揮できる
- 豊富な経験を活かして短期間で戦力になれる
- 人脈を活かすことができる
- マネジメント能力がある
- 豊富な経験から適切な判断能力がある
- 人生経験を積んだ人間性で評価できる
- 帰属意識が強い

このように、中高年だからこそ打ち出せる魅力があります。いずれも豊富な経験から短期間で企業貢献できる人材としてアピールし、これまでの経験を活かして応募企業で心機一転、頑張る姿勢を見せることが大切です。

採用担当者の視点を理解する

転職では、採用担当者の視点を理解することが大切です。これまでの経験を提示し採用担当者に考えさせるのではなく、自ら求めている人材に合致していることを具体的に示しましょう。

転職では、まず求めるスキルや経験と合致するかをチェックします。いくら人柄がよくても職務能力が合致しなければ、採用には至りません。特に中高年の求職者に対しては、求める職務能力の他に活かせるスキルや経験がないかを見極めています。

次に仕事の姿勢について検討します。中高年であれば若年層と違い自社のカラーに染まりにくいと考える企業もあります。これまでの経験をリセットし、応募企業のために貢献していきたいと熱意を示す必要があります。

多くの企業の中で、なぜ当社を選んだのかという点も採否の判断材料になります。中高年を採用する企業が少ないという理由では、採用されません。応募企業の経営目標、理念、商材、サービスなどに共感し、応募企業だからこそ入社したい意欲あるかを見極めています。

また中高年では、既存社員とうまくやれるかどうかも採否のポイントになります。優秀な人材でもコミュニケーション能力や適応力に不安があると、採用を躊躇します。中高年だからこそ素直さや明るさが求められます。プライドだけが強く、これまでの経験を自慢するだけの応募者では、既存社員とうまくやれないと考えます。

中高年の面接は、自己主張が強く採用担当者の話しを聞かない人がいます。アピールしなければいけない気持ちが強いのかもしれませんが、協調性に欠けると判断されてしまいます。経験が豊富なだけに、大企業から中小企業へ応募する場合、見下した態度や表情でこれまでの経験を自慢すれば、採用担当者に好感は持たれません。

中高年だからこそ、若年層の社員を含めて打ち解ける人材であることを、明るさや話しを聞く態度から示しましょう。応募企業で活躍する姿をイメージして、ワクワクした気持ちで臨んでください。ワクワク感を持って臨むことで、あなたの気持ちが採用担当者に伝わります。採用担当者の視点に立ち、あなたが求められている人材に近づくことが大切です。

採用担当者の視点

- 求めるスキル、経験があるか
- 中高年としてプラスアルファの魅力があるか
- やるべきことを理解しているか
- 前向きで適応力があるか
- 新たな気持ちでチャレンジする姿勢を感じるか
- 経営理念、企業目標に共感しているか
- コミュニケーション能力があるか
- 年齢を感じさせない若さがあるか

中高年が活躍できる転職

転職は、企業が短期間で戦力になる人材を求めるケースが多いですが、中高年の転職の特徴について考えてみましょう。

まず、応募企業で不足しているポジションの募集があります。たとえば管理部門を強化したいが、該当する人材がいないため、外部から管理職経験者を募集するというケースです。大企業であれば豊富に人材がいるため、あまり募集はありませんが、中小企業では現場の社員はいるものの、管理部門がなく構築したいと考える中小企業は、中高年の転職希望者にとって狙い目です。部下もそれほど多くなく、場合によっては1名もしくは数名ということもあります。応募企業でどのような改善、改革が求められているのか具体的に考え実行できるようであれば、中小企業の管理職についてぜひ検討してみましょう。

他にも、技術者として卓越している場合は、中高年であっても充分採用される可能性があります。応募企業で必要としている技術や知識を想定した上で、貢献できるのであれば、企業は年齢を問わず採用したいと考えるでしょう。

営業職であってもこれまでの人脈を活かし売上が期待できると判断されれば、好条件で採用される可能性もあります。人材育成でも、これまでの育成経験を活かせる企業があります。応募企業がどのような人材育成を希望しているかを見極めて、これまでの育成プログラムをアピールしてみましょう。

いずれにしても、これまで携わった職務についての人材が不足している企業であれば、中高年の求職者にとって採用される可能性が高いのです。

また、人が集まりにくい職種であれば、経験があまりなくても採用される可能性があります。たとえば、ドライバー、施設管理、警備、介護、顧客管理といった職種は比較的、門戸が広いのですが、欲しいと思わせるためには、関連資格や知識を習得しているくらいの熱意が必要です。

集まりにくい職種だから大丈夫だろうというのでは、やる気や熱意を感じず採用には至りません。在職中から資格を取得しておけば、短期間で戦力になることをアピールできますので、検討してみましょう。

経験を活かし中小企業で活躍する職種

● 管理職、技術職、教育担当、営業職など

資格があることで採用されやすい職種

● ドライバー職、施設管理職、施工管理職、警備職、介護職など

転職で条件を設けることが多い資格

● 簿記、自動車免許、TOEIC、建築士、看護師、建築士、電気工事士など

中高年が持っていると有利な資格

● 電気工事士、マンション管理士、大型免許、介護系資格、簿記、宅建など

ポイント

○企業規模を問わず、これまでの経験を欲しがる企業を見つける
○人が集まりにくい職種について検討し必要とする資格を取得する

【採用される職務経歴書①】

発揮できる能力を具体的に書き出す

職務経歴書は、あなたのプレゼンテーションツールだと考えてください。プレゼン資料であれば、相手のニーズに応えて、欲しいと思われる資料を作成するはずです。採用担当者は、これまでの経験を知りたいのではありません。これまでの経験から、自社で求めている能力があり、何ができるのかという点が知りたいのです。

募集要項から「求める人材」などを具体的な職務について確認し、これまでの経験を通じて応募企業で発揮できる能力を書き出していきましょう。

転職が成功するか否かは、発揮できる能力を書き出せるかで決まるといっても過言ではありません。この点が整理されずに、これまでの職務経験を記載しても、採用担当者にあなたの職務能力が伝わらないのです。

発揮できる能力の下に能力を裏付ける経験を簡潔に記載しましょう。これまでの経験を記載することで、職務能力の信憑性をアピールできます。たとえば、マネジメント能力があるというだけでは、管理職経験者であれば誰でもアピールできますが、「前職では、15名の部下を統率し業務改善に取り組み経費を5％削減した」と記載すれば、具体的な職務能力を理解できます。

それぞれの企業で求めている職務が違います。職務経歴書を使い回しせず、応募企業ごとにカスタマイズしていきましょう。

箇条書きで記載したものを、職務経歴書で【貴社で発揮できる能力】といった見出しをつけて記載することもできます。面接で自己ＰＲについて問われたときも、この部分を回答することができるのです。

これまでの経験から応募企業で発揮できる能力を書き出す

1. ＿＿＿＿＿＿＿＿＿＿＿＿＿＿＿＿＿＿＿＿

具体的な経験（　　　　　　　　　　　　　　）

2. ＿＿＿＿＿＿＿＿＿＿＿＿＿＿＿＿＿＿＿＿

具体的な経験（　　　　　　　　　　　　　　）

3. ＿＿＿＿＿＿＿＿＿＿＿＿＿＿＿＿＿＿＿＿

具体的な経験（　　　　　　　　　　　　　　）

採用担当者にとって、自社で求めている職務能力と合致していることが一目瞭然に記載されていることで、落とせない職務経歴書になるのです。

職種別のアピールする能力例

- 管理職系（マネジメント能力、部下の育成・指導力、部門目標達成能力、経費削減能力など）
- 営業系（目標達成能力、交渉力、企画力、人脈など）
- 事務系（事務処理能力、改善能力、法務知識、リスクマネジメント知識、折衝力など）
- サービス系（店舗管理能力、接客力、売上達成能力、企画力、マーケティング力、指導力など）
- IT系（テクニカルスキル、コミュニケーション能力、企画力、マネジメント力など）

【採用される職務経歴書②】
経歴要約文を作成する

職務経歴書の書き方は、特に指定がなければ書き方は自由ですが、企業が求めている人材と合致するためには、やってきたことを羅列するのではなく、職務経歴書のトップに【経歴要約】といった見出しをつけてこれまでの経験を200～300字くらいの文章で伝えます。熱意を伝えようと長文で記載する人がいますが、多くの内容を盛り込むのではなく、関連する職務を強調して記載しましょう。

特に応募企業で活かせる経験を強調して記載することで、採用担当者は、短期間で戦力になる応募者だと捉えて興味を示します。多くの職種を経験している人も多いと思いますが、経歴要約では、求められている職務と合致する部分を強調してください。前の項目で箇条書きで作成した「応募企業で発揮できる能力」を盛り込み、記載することで採用担当者にインパクトを与えます。

採用担当者は、通常、職務経歴書を上部から読みますので、トップで記載している経歴要約で興味を示せば、その下に記載する具体的な職務経験について興味を持って読んでもらえるのです。

中高年の人は、豊富な経験があることが強みとなる一方、焦点が絞れず強みが伝わらない可能性があります。経歴要約ですべての経験を記載する必要はありません。応募企業の職務と関連性が薄い経験は、経歴要約の下に記載する職務経験として記載すれば問題ありません。

経歴要約を整理することで、面接でほぼ間違いなく質問をされるこれまでの職務経験についても、この部分を伝えることで的確な回答ができます。

経歴要約の例文

【経歴要約】
大学卒業後、経理職として5年間従事し、その後、総務職として社内規定管理、法務関連業務を中心とした業務に携わってきました。特に組織が出来上がっていない状況から、就業規則などを作成し、社員が意欲を持って働ける環境を構築してきました。また経費削減にも努め、昨年は、事務部門で前年度対比で10％の削減を達成しました。課長職として部下3名のマネジメントを行っていますが、部下とのコミュニケーションを重視し、部下が抱える問題にも的確に対応しています。これまで培った総務職としての経験を活かし、貴社においても貢献できるよう頑張ります。

ポイント

○ 発揮できる強みを盛り込み経歴要約文をトップに記載する
○ 経歴要約の内容は、面接でも活用できる

【採用される職務経歴書③】

伝えたい職務を強調する

通常、職務経歴書は、過去から現在にさかのぼり、記載する「年代式」が一般的ですが、中高年の人は、職務経験が長いため時系列で学校卒業後から記載していくと、現職の職務内容が広範になってしまいます。

同一の企業で長く勤務し、現在も携わっている職務を強調したい場合は、現在から過去にさかのぼって職務内容を記載しても構いません。伝えたい内容をできる限り1枚目に記載するようにしてください。

転職をしている人も同様に、以前勤務した会社ではなく現職をアピールしたい場合は、現在から過去にさかのぼる「逆年代式」で記載する方法があります。年代式、逆年代式では、企業ごとに正式企業名と在籍期間、携わった職務を記載してください。

採用担当者は、時系列で職務経歴を読みますので、過去から現在、もしくは現在から過去と年代で追えるように記載しましょう。

また、複数の企業を経験し、どの企業も同様の職務に就いていた人の場合は、「職能式」と呼ばれる、経歴要約の次に【職務内容】という見出しをつけて、行ってきた職務の横に簡潔に実績や評価を記載した表組みにします。

次に【勤務先企業】という見出しを付けて、勤務先企業名や勤務期間を簡潔に携わった職務を記載することで、重複して職務内容を詳細に記載する必要がなく、転職回数が目立たないばかりか採用担当者が知りたい職務能力をわかりやすく記載することが可能です。


職務経歴書は、応募企業で活かせる経験を強調して記載することがポイントです。何を強調すべきか、割愛すべきか考えてみてください。

よく短期間で辞めた企業を記載したくないと相談を受けることがあります。記載するかしないかは自由ですが、ブランク期間が長くなり面接で質問されたときに、勤務した企業を伏せれば履歴を偽ったことになり、後々問題になる可能性があります。

原則、すべての企業を記載すべきですが、短期間であれば「退職後○○株式会社に3カ月間勤務」と簡潔に記載しておいたほうが無難かもしれません。

転職では、企業名や雇用形態よりどのような仕事を行ってきたか、そして、その仕事が自社でどのように活かせるかを見極めています。アルバイトやパートタイマーの経験であっても正社員と同様の仕事をしているケースも多くあります。応募企業で活かせる職務を掘り起こし、雇用形態にかかわらず記載しましょう。

ポイント

- ○ **年代式……学校卒業後から現在までの順番で記載する**
- ○ **逆年代式……現在から過去にさかのぼって記載する**
- ○ **職能式……職務内容を表組みにて記載し、勤務先企業名、期間、主な職務を記載する**

【採用される職務経歴書④】
読み手の立場を考える

職務経歴を詳細に記載し、志望動機や自己ＰＲを長文で記載する人がいますが、多くの応募者の中から選抜する場合、長文で記載しても読んでもらえないことがあります。枚数もできれば多くても３枚程度に収めて、伝えたい内容を絞り込んで記載します。

長文に頼らず、【実績】や【評価】など見出しをつけて、それぞれの項目について１５０字程度で記載すると、読みやすい職務経歴書になります。

中高年の人は、経験が豊富なだけに枚数が多くなりがちですが、やってきたことではなく、できることを意識した職務経歴書を作成しましょう。

次のページで、職務経歴書の書き方のポイントについて掲載してありますので、ぜひ、参考にしてください。

職務経歴書の書き方例

○年○月○日
氏　名

職務経歴書

【経歴要約】
・200字～300字程度で、求められるスキルや経験と共通する部分を強調する。

【職務経験】
・応募職種で必要とされる経験を強調し、年代式、逆年代式、職能式から選択する。
・携わった職務を羅列するだけでなく、実績、評価、工夫、改善したことを簡潔に記載。
・【　】などを使用し、読みやすさを心掛ける。

【保有資格・スキル】
・応募企業で活かせる資格等を記載する。

【志望動機】
・「○○の経験を活かして、○○である御社で貢献したい」などが有効なアピールになる。

【自己PR】
・仕事に関連する内容をできる限り記載する。
・【貴社で発揮できる強み】なども有効。

中高年の職務経歴書作成ポイント

○応募企業で活かせる職務能力を整理する
○応募企業で活かせる職務経験を強調して記載する
○実績・評価・工夫したことを盛り込み記載する
○応募企業で発揮できる能力と経験を具体的に記載する
○読み手の立場になり、伝えたいことを整理する

【採用される面接①】

面接官の視点で考える

中高年の転職で求められる面接官の視点について考えてみましょう。

新卒者の場合、１次選考では集団面接を行う企業もありますが、転職者の場合、それぞれ異なる実務経験があるので、ほぼ間違いなく個別で行われます。

面接は、選考されているという意識が強いと緊張してしまい、うまくいかないことがあります。そこで、自分自身を売り込む営業だと捉えてみてください。営業担当者であれば、自社製品をマシンガントークで押し売りはしません。顧客のニーズを汲み取り、自社の製品やサービスが最適であることを説得するはずです。

中高年の人は、経験や実績が豊富なだけに、アピールが自慢げと捉えてしまわれるとマイナス効果です。採用担当者の言葉からニーズを探り、これまでの経験を伝えた上で、最適な人材であることを説明しましょう。

面接では、これまでの職務経験から自社で求めている職務能力を満たしているかを見極めています。意欲や熱意があっても職務能力を満たしていなければ採用されません。次に、自社への思いや仕事への意欲といったポテンシャルをチェックしています。中高年の面接では、これまでの経験を活かせるから応募したというだけの志望動機を語る人がいますが、多くの企業の中から選んだ理由や今後の仕事への意欲を伝えないといけません。

中高年の場合、良好な人間関係が築けるかどうかもチェックしています。管理職として採用するケースもありますが、優秀な人材でも既存社員に受け入れられなければ、採用は難しいと判断します。前職の退職理由が会社や上司の批判であったり、面接官が厳しい指摘をして表情や態度が変わるようでは、能力やポテンシャルが高くても、良好な人間関係が築けずうまくいかないと考えるのです。また、面接官の説明に対して素直な気持ちで聞いているかどうかといった聞く姿勢もチェックしています。

これまでの職務経験だけで判断するのであれば、面接は必要ありません。面接では、提出された職務経歴書や履歴書の信憑性を確認すると共に、協調性があり自社の社員として受け入れられるかどうかを検討しているのです。

中高年が若年層の応募者と差別化するためには、実務能力だけでなく、入社後にリーダーシップを発揮してもらうことを期待している企業も多くあります。また、応募企業にはない技術力を求めている企業もあります。事前に回答を準備しておく必要はありますが、あなた自身を売り込む営業担当者として面接官の言葉から、必要としている人材を探りながら対応していきましょう。

採用担当者の視点

- 求めるスキルや経験と合致するか
  - ⬇ 職務経験の回答をチェックしている
- 仕事に対するポテンシャルが高いか
  - ⬇ 志望理由、自己PR、表情・態度をチェックしている
- 良好な人間関係が築けるか
  - ⬇ 退職理由、説明の聞き方、表情・態度をチェックしている

【採用される面接②】
表情や態度を意識する

転職者の面接では、質問に対する回答内容だけでなく表情、態度といった見えない言葉（ノンバーバルコミュニケーション）が採否に影響します。

入室時の第一印象で良い印象を与えれば、その後の面接もスムーズにいきます。特に中高年の人は、入室時に元気がない挨拶の場合が多いので、覇気のある声で少し目を開いて面接官に向かって挨拶をしましょう。入室時にやる気や意欲を挨拶で示すことが大切です。

無理やり笑顔を作る必要はありませんが、応募企業で活躍する姿をイメージしてワクワクした気持ちで臨んでください。口角を少しあげるだけでも印象が変わります。

中高年の人の中には、自己主張が強く面接官の話をよく聞こうとしない人がいます。面接で会社概要や仕事内容などの説明を受けたときの聞く態度は、説明に共感をして相槌を打つことです。無表情で話を聞いていたり、説明をしているにもかかわらず途中で口を挟むようでは、好感を持たれません。

若い面接官の場合は、特に言葉遣いや表情に注意をしてください。若い面接官だからといって軽々しく会話をするようでは、面接という場を理解していない応募者だと判断されます。年齢に関係なく採否のジャッジは面接官の手にあることを理解した上で、きちんとした態度で臨みましょう。

また、回答時の視線が落ち着かなければ、信憑性のない回答だと判断されますので、話しをしているときは、目をそらさないようにしましょう。原則として面接官を見て回答しますが、睨みつければ面接官も良い印象を持ちません。面接官の上にもうひとつ頭があるイメージで、その頭を見ながら回答するとよいでしょう。視線も3秒から4秒くらいで少しそらしてもかまいません。

さまざまなタイプや年代の面接官がいますが、面接官に好感を持って臨みましょう。苦手なタイプなどと思えば、あなたの気持ちが表情に表れます。苦手なタイプや若い生意気そうな面接官であっても短い面接時間なので、好感を持ってアピールすれば、面接官もあなたに良い印象を持ちます。

複数の面接官がいる場合は、質問をした一人に向って回答するのではなく、面接官全員に回答する気持ちで目配りを忘れないでください。

厳しい指摘を受けたとき、嫌な態度や表情を示せば良い結果にはつながりません。採用したいからこそ厳しい指摘をするケースもありますので、回答時の表情に注意しながら、原則として面接官の指摘を認めた上で簡潔にあなたの考えを回答しましょう。

面接で気を付ける表情や態度

- 入室時（面接官を見ながら覇気のある声で少し目を開いて挨拶をする）
- 視線（視線を大きくそらさず面接官を見ながら回答するが睨みつけない）
- 聞き方（説明に興味を示し、相槌を打ちながら共感している態度を示す）
- 笑顔（口角を意識して、ワクワクした気持ちで臨む）
- 複数の面接官（全員に目配りをして回答する）
- 圧迫面接（回答時の表情に注意し、原則として面接官の指摘を肯定した上で回答する）

【採用される面接③】

定番の質問の回答を考える

面接でほぼ間違いなく質問される定番の質問について考えてみましょう。

面接では、これまでの職務経験について問われます。質問の内容は、さまざまですが、職務経験が自社で合致するかを見極める質問が多いです。

回答のポイントは、応募企業で活かせる経験を強調し、面接官が興味を持つことです。特に中高年の応募者は、経験が豊富なだけに関連しない職務経験も詳細に説明し、長々と回答する人がいますが、長くても1分程度にしましょう。

次に、退職（転職）理由について質問されます。退職理由では、前職の批判は禁物です。特に経営者や会社の体質については、短い面接時間では理解を得られないばかりか、自社でも同様の問題が生じると懸念を抱く面接官がいます。

業績不振を理由とする場合は、業績を上げるため努力したことを説明した上で、業績が挽回できなかったと説明しましょう。中高年の要職に就いていた人が、他人事のように業績不振と語ると、責任感がない応募者だと受け取られてしまいます。

退職理由では、少なからず「○○が嫌だから」「○○が納得できないから」といったネガティブな要因があるかもしれませんが、あなたの捉え方の問題であれば、「○○がやりたい」に転換できるはずです。今後の仕事を考えた中で、どうしても実現したいことがあり、それが応募企業なら可能であるといった志望理由とリンクさせれば、退職理由もネガティブに受け取られません。

志望理由では、あなたの職務能力を活かして貢献したい点と、応募企業だからこそ働きたい理由を説明します。職務経験を活かしたいという理由だけでは、他の企業でも可能だと受け取られ、応募企業の良さだけでは、状況が悪くなれば辞めてしまう応募者だと思われます。職務能力をアピールし、応募企業だからこそ活かしたいという回答で意欲を示しながら話しましょう。

また、定番質問では、自己ＰＲをするよう求められることがあります。原則として自己ＰＲは実務に関連する内容を回答してください。職務経歴書で考えた「応募企業で発揮できる能力」を説明してもかまいません。自己ＰＲでは、結論を後回しにすると面接官に理解してもらえないことがありますので、「○○です。これまでに～」や「○点あります。第一に～」と最初に結論から説明するとインパクトを与えることができます。

面接官は、回答に具体的な内容を求めていますので、抽象的な表現をできる限り避けて、これまでの経験を盛り込みながら回答するとよいでしょう。これまでの成果や実績のみ回答する中高年の人がいますが、面接官はやってきたことではなく、やってきたことから何ができるかを見極めていることを常に頭に入れながら回答しましょう。

定番質問の回答ポイント

- ○職務経験➡応募企業で活かせる経験を強調して説明する
- ○退職理由➡「○○が嫌だから」を「○○をやりたいから」に転換する
- ○志望理由➡「これまでの経験を活かして貢献していきたい」「応募企業だからこそ入社したい」理由を述べる
- ○自己ＰＲ➡具体的な事例を添えてわかりやすく説明する

【採用される面接④】
定番質問以外の回答を考える

面接官は、定番質問について予め回答を用意してくることを想定し、違った切り口で質問をしてくる場合があります。定番質問以外の回答についても、採用担当者の質問の意図を理解し的確に回答する必要があります。

回答する上で常に押さえておきたいのは、「応募企業で発揮できる職務能力」と「応募企業だからこそ入社したい意欲」そして、中高年の応募者であれば、「組織に馴染める適応力」です。

面接官の質問の意図が読み取れれば、回答はスムーズにできます。自己主張をするのではなく、定番質問以外の質問では、どのような目的で質問をしているのか考えてみましょう。

定番質問以外の切り口を変えた質問の例

● 「多くの企業の中で、どうして当社なのですか?」

〈質問の意図〉

自社への熱意とこれまでの職務能力についての確認。

● 「職務上の強みと弱みを教えてください。」

〈質問の意図〉

強みは、自社の仕事を理解しているか。弱みは、自己顕示欲が強くなく、弱味をリカバリーする謙虚さがあるか。

● 「上司と意見が食い違ったときどうしますか?」

〈質問の意図〉

実体験を話し信憑性があるか。企業優先の視点を持っているだけでなく交渉能力があるか。

●「人間関係で困ったことがありますか?」

〈質問の意図〉

「ない」だけでは信頼できない。どのように人間関係を構築し今後の糧にしてきたか。

●「管理職として何を重視しますか?」

〈質問の意図〉

管理職経験に信憑性があり、信念を持って行ってきたか。部下を伸ばす能力があるか。

●「当社の経営で今後の課題は何だと思いますか?」

〈質問の意図〉

求めている人材を把握した上で回答しているか。課題だけでなく改善方法まで話すことができるか。高飛車な態度ではなく相手の気持ちを汲み取り回答できるか。

●「将来技術部門以外の部署に就く可能性がありますが大丈夫ですか?」

〈質問の意図〉

技術職として継続したいためだけの転職ではないか。会社への貢献を優先して考えられる人間か。技術についてどのように捉えているか。

●「前職で実現できなかったのですか?」

〈質問の意図〉

退職理由に信憑性があるか。前職の問題を引きずっていないか。自社でやるべきことを理解しているか。

●「業績不振を打破するために行ったことを教えてください。」

〈質問の意図〉

自分の問題として捉えられる人材か。他人に責任転嫁する回答ではないか。強い意志で仕事に取り組める人材か。

【採用される面接⑤】
言葉のキャッチボールを意識する

面接は、長々と回答すればよいわけではありません。特に中高年の面接であれば、面接官の質問に、ただ答えるのではなく、言葉のやり取りができる状況を意識しましょう。

面接官が回答に興味を持ち、さらにもっと聞きたいと新たな質問を投げかけて、応募者が回答する状況が理想の面接です。そのためには、回答時間は30秒から1分程度で回答するようにしてください。そして、回答の中に面接官が興味を持つと思われるキーワードを盛り込み回答します。

うまく話せるから採用されるわけではありませんが、面接官が回答に興味を持ち言葉のキャッチボールが成立することで、一体感が生まれます。この一体感が生まれることで、面接官は仲間として受け入れたくなるのです。

どこかよそよそしく抽象的な回答であれば、面接官は興味を持ちません。回答に興味を持たれるキーワードは、応募企業で発揮できる能力と信憑性を示すあなたの経験なのです。

しかし、面接官と親しく話ができるからといって、面接であることを意識せずに気を抜かないでください。特に面接後半は、採用したい人材であれば本当に入社する意志があるかどうかをチェックしています。転職では、欠員募集が多く、余剰人員を採用しませんので、内定辞退を嫌います。面接後半では、言葉で入社意欲を示しましょう。

質問がないか問われたとき、特になければ無理をして質問をする必要はありませんが、「ありません。」と一言で終われば、面接官は入社意欲を疑います。「本日充分ご説明いただきましたので、特にありません。お話をお聞きし、より入社したい意欲が高まりました。」と回答すれば、入社意欲をアピールできます。

入社時期を問われたときも注意が必要です。現在要職に就いていて、なかなか辞められない人もいると思いますが、面接時には具体的に入社可能時期を示してください。転職では通常待ってもらえても3カ月が限界だと思います。この点を踏まえて、できる限り短期間で入社できる時期を考え回答しましょう。

中高年の面接では、面接官が一方的に質問をして応募者が質問に答えるという状況だけでは、良い結課に結びつかないことがあります。面接官に好感を持ちながら、これまでの経験を活かして短期間で戦力として貢献できる人材であることを、面接官と会話をする姿勢で臨みましょう。

中高年の面接成功のポイント

- ○面接官に好感を持つ
- ○曖昧な表現を避けて、具体例を盛り込む
- ○入社後の活躍する姿をイメージしながら回答する
- ○応募企業だから入社したい理由を明確にする
- ○強みと会社に貢献できることをアピールする
- ○柔軟性があり、明るい性格で組織適応力があることを示す

コラム

転職イベントに参加する中高年の人が少ない

私は、この10年間、転職イベントで講演をさせていただいています。以前は、中高年の人も多く参加していましたが、ここ数年、中高年の人の姿が少ないように感じています。

直接企業へ応募する形態ではなく、人材紹介会社や人材銀行を使って転職している人もいると思いますが、イベントに参加して企業に直接応募しても、どうせ若年層の求職者を採用するからと最初からあきらめているのでしょうか。

もちろん企業は同じ能力でしたら、使いやすく賃金が安い若年層を採用しますし、年齢枠を設けている企業もあります。しかし、中高年の転職が難しい理由の1つとして、中高年だからという意識が先走り、応募企業で発揮できる能力をアピールできていないと感じています。

年齢に見合う貢献ができる人材であれば、年齢は関係ないはずです。若年層に打ち勝つだけのプラスアルファの魅力を打ち出していきましょう。

最近、40代、50代の女性の若返りを競うコンテストなどをよくみかけます。見た目は、まさに20代、30代です。参加者の多くが見た目だけでなく気持ちも20代、30代なのです。中高年の男性もぜひ内面はもちろんのこと、外見にも気を配り、若さをアピールしていきましょう。

第5章
転職以外の選択肢

できる人・できない人の違い

転職や独立をすればすべてが好転するわけではありません。むしろ新しい環境ではリスクもあります。また、会社を辞めないという選択をした人も、このまま何も考えないで会社に65歳になるまで勤務できるといった安易な考えでは、現職でも生き残れない可能性があります。

中高年だから変われないと考えている人は、会社で必要のない人材になってしまいます。現状に問題がないときこそ、より必要とされる人材を目指しましょう。

年齢や職種にかかわらず、企業で必要とされる人材であることが、現職で生き残る方法です。気持ちが変われば、行動が変わります。行動が変われば周囲の評価も変わります。

普段、中高年の「できる人」「できない人」「できない上司」についてあまり考えることはないと思いますが、自分自身を振り返る意味でもチェックしてみてください。職種や企業により異なるかもしれませんが、改善できることがあればすぐに実践してみましょう。

できる人の特徴

- 職務能力が高い
- 年齢を感じさせずイキイキと仕事をしている
- コミュニケーション能力がある
- 苦しいときこそ、頑張りがきく
- 仕事に対して信念がある
- 自社を誇りに思っている
- 社内外で信頼されている
- 前向きにチャンジする
- 自分に厳しく他人に優しい
- 相手の期待以上に応える

できない人の特徴

- 自分のことしか考えない
- 打たれ弱い
- 過去の実績に生きている
- 自分を正当化する
- 職場に馴染めない
- できない仲間を作りたがる
- 報告・連絡・相談を軽視する
- 「できません」とすぐ言う
- 能力を顧みず待遇面に固執する
- 仕事の優先順位を理解していない

できない上司の特徴

- 身銭を切ろうとしない
- 将来に目を向けず武勇伝に終始する

- 自分の身を守ることを優先する
- 気持ちが乱れ表情が変わる
- 注意、叱ることができない
- 実務能力が劣る
- 部下の心を汲み取れない
- 笑顔がない

環境を変えれば好転するわけではない

これまで長年勤務してきた人の中には、現職に不安はあるが、転職や独立に一歩踏み出せない人もいます。しかし、環境を変えれば、すべてが好転するわけではありません。中高年の転職では、管理職として転職するケースが多いですが、新しい環境で力を発揮できないリスクもあります。

管理職として転職する場合、改善や改革を求められることがあります。特に中小企業だと経営者がとにかく改善してくれと曖昧な要望を出し、高待遇で迎えるのですが、既存社員とうまくいかなければ、改善どころか何をするにも否定されてしまいます。

私が採用した管理職の人も既存のやり方を入社直後に否定したため、既存社員とうまくいかなくなり、1カ月で退職してしまいました。

まずは、現職の問題が今後も改善できないかを見極める必要があります。あなたが自社で必要な人材になれば、業績や制度も変わるかもしれません。現在40代であれば60歳まで10年以上もありますので、そのとき制度が現状と同じかどうかわかりません。

これまでの積み上げてきた業績も環境が変われば、ゼロから積み上げなければいけないこともあります。現職で長年勤務してきた信頼関係も、新たに構築する必要があります。

転職すると新卒時と違い、どの程度の能力があるか既存社員からチェックされることもあります。入社から数カ月は既存社員と親身に話すことができず、辞めなければよかったと後悔する人もいます。

40代であれば受身ではなく、本気で自社を改革するくらいの気持ちで仕事をすることはできないでしょうか？

もちろん、できない理由があるので、転職を考えていると思いますが、辞める気持ちがあるならば、もう一度、本気でぶつかってみるべきです。中高年の人は、若年層より我慢強く、あまり主張しない傾向があります。経験豊富な中高年であれば先頭に立って会社を良くしようと考えてみてください。

「誰かがやるだろう」「出る杭は打たれる」という考えで影をひそめながら毎日過ごすようでは、仕事に価値観を見出せません。転職や独立をして環境が変わることに過大な期待をせず、現状で方向性を見出せないか考えてみる必要があります。

現職の置かれている状況や将来に悲観するだけでなく、長年雇用してくれたことへ感謝の気持ちを持ってみてください。見方を少し変えるだけで捉え方が変わります。

転職したい、あるいは独立したい理由が、森を見ず木ばかり見ているようでは、現職で活躍できるチャンスをみすみす逃してしまうことにもなりかねません。転職や独立だけがキャリアプランではありません。自社におけるキャリアプランについて、もう一度よく考えてみましょう。

ポイント

○環境を変えればゼロから積み上げなければいけないこともある
○現職の良さを見失っていないか自問自答する

情報収集・根回しの重要性を理解する

中高年が社内でうまく立ち回るためには、正しいと思った意見をそのまま相手に投げてもうまくいかない場合があります。もちろん企画や技術といった本質も大切ですが、組織はさまざまな考え方の集団であり、さらに複雑な人間関係が絡み合っていることもあります。

思うようにいかないからといって会社批判をしても始まりません。あなたの主張があるように相手の考えもあることを理解し、相手の立場になって考えてみてください。

社内では部署間の対立や派閥があるかもしれません。人が集まれば少なからず意見の相違はあります。全員があなたに賛同しているわけではないのです。すべての人に共感してもらう必要はありませんが、中高年であればストレートで玉を投げるだけでなく、事前の根回しや情報収集についてよく考えてみましょう。

報告や相談する相手を間違えるだけでも、ビジネスがうまくいかなくなることがあります。良い企画でも自分のところに事前に報告、相談がなかったという理由で、反対されることもあります。

誰に相談すべきか、どのような形で打診すべきか、タイミングに問題がないかというように、相手の立場になり報告することが大切です。

相手との根回しでは、お互いに共感できるものを見つけるとうまくいきます。相手の考え方や志向を理解した上で根回しを行いましょう。

上司の決裁をもらうのも、ストレートに結論から伝えたほうがよいタイプなのか、上司の意見を伺いつつ少しずつ考えを述べたほうがよいのかなど、上司のタイプにより対応を考慮する必要があります。

根回しは、いかに自分サイドの味方になってもらうかということです。そのためには、相手の性格、ときには弱味も理解した上で、あせらず交渉していく必要があるのです。

必ずしも優秀だから昇格できるわけではありません。むしろ社内の人脈や情報に精通しており、相手への根回しがうまく、物事を上手に運べる人が昇格しているケースも少なくありません。

中高年の人が社内で生き残るためには、真面目な社員だけでは難しい一面があるのです。もちろん、真摯に仕事を行うことが前提ですが、社内の情報をキャッチする能力、相手の考え方や立場を理解する能力が求められます。この点を踏まえて根回しをうまくやることも中高年の人は必要になってきます。組織でうまく立ち回るために社内の人間関係をよく考えてみましょう。

ポイント

○社内の人間関係を把握し、事前の根回しを徹底する
○相手の立ち位置を理解し、相手が欲しいものを提供する

解雇、退職勧奨、出向、転籍について

高年齢者雇用安定法により65歳まで本人が希望すれば会社で働けることになりましたが、解雇に該当する場合は、この限りではないと定めています。解雇について、わかっているようでよくわからない人もいると思いますので、ここで整理しておきましょう。

解雇には、次の「普通解雇」と「懲戒解雇」の2つがあります。他にも「退職勧奨」や「出向」「転籍」を命じられる可能性がありますので、違いについても理解しておきましょう。

普通解雇

普通解雇とは、就業規則の普通解雇事由に相当する事実があって行われる解雇のことです。解雇は、就業規則の絶対記載事項なので、就業規則に記載されています。解雇要件を確認し、該当しないように注意することです。「出勤や勤務態度が悪い」「周囲の社員とうまくやれない」「配置転換をしたが能力が劣る」といった理由でも会社は解雇を検討する可能性があります。

【普通解雇の要件】

❶就業規則に規定する解雇事由に該当すること

❷客観的かつ合理的な理由があり、社会的に見ても相当性があること

❸解雇回避努力をしたこと

懲戒解雇

懲戒解雇とは、就業規則上の最も重い懲戒処分が課せられて行われる解雇ですが、金銭を横領する、酒に酔って暴力を振るうといった場合、退職金をもらえず解雇される可能性があります。

退職勧奨

会社都合で、本人に退職を促す行為です。適材適所がない、能力が劣りこれ以上継続して雇用することは難しいというように、会社から退職するよう促されます。一見解雇と似ていますが、本人に退職の選択権があります。本人は会社を解雇されたと考え、会社は解雇したわけではないと後々トラブルになるケースがあります。

出向

取引先企業や関係企業で勤務するよう命じられることです。就業規則に出向について記載されていれば、原則として拒否はできません。籍は会社に残りますが、戻ってこられない一方的な出向を行うケースもあります。

転籍

企業から籍がなくなり、新たな勤務先に属して仕事を行います。現職の籍がなくなりますので、戻れることはなく、転籍先企業の就業規則に基づきます。転籍の場合は、出向と異なり拒否することは可能ですが、退職勧奨と同様に退職を促されるケースもあります。

60歳以降も必要とされる人材になる

あなたが携わっている職務は、他の社員でもできることですか？

会社から必要とされる人材になるためには、あなただからこそできる仕事を1つでも2つでも増やしましょう。誰でもできるようにマニュアル化することを推奨する企業もありますが、60歳以降も必要とされる人材になるためには、スペシャリストとしての能力を高めて、若年層ではできない職務能力を発揮できないか考える必要があります。

特に中小企業であれば、豊富に社員がいるわけではありませんので、さまざまな分野でスペシャリストになる方法があります。

たとえば、大企業であれば語学力のある社員が多くいますが、中小企業ではそれほど多くはいないはずです。これから国際化を目指す上で中小企業でも語学力のある社員が必要になります。社外の人脈も武器になりますので、あなただからこそ社外の人間と良好な関係が構築できビジネスが成り立っていることがないでしょうか。簡単に後輩に継承するのではなく、人間関係をより強固なものにしていきましょう。

60歳以降も必要とされるためには、社内で上層部と強いパイプを持つだけではなく、若年層を含めた既存社員から信頼される人間関係を構築していきましょう。そのためには、あなたから後輩や部下に歩みより、話しやすい環境を作ることも大切です。「いつでも相談するように」と部下に言葉を投げかけても、いつも忙しく相談できる状況でなければ、部下からあなたに声をかけるようなことはありません。

中高年であれば、周囲の社員が気軽に相談や話ができる環境についても意識してください。相手を思いやり相手のために行動することが求められます。発言や行動が常に自分のことしか考えていない中高年は嫌われます。部下は、あなたの仕事だけでなく、行動や態度を見ています。部下がモチベーションを高く保ち、気持ちよく働ける環境を作ることも中高年の仕事なのです。

他の社員が残業をしていても定時になると当たり前のように帰宅するようでは、周囲から信頼されず早く辞めてもらいたいという声があがります。あなたの役職や年齢が高いことで周囲は何も言いませんが、周囲のモチベーションが下がるような行動であれば、必要のない社員になってしまうのです。

60歳になったときに辞めてもらっては困る中高年になるためには、現在の仕事への打ち込み方、既存社員との接し方、社内外との人脈について考えてみる必要があるのです。

会社で必要とされる人材

- 本人しかできない技術や能力がある
- 会社の業績に大きく貢献している
- 社内外に強固な人脈がある
- 部下から慕われており育てる能力がある
- 感情が安定しており、自分より相手を第一に考える
- 健康状態に心配がなく若さがある

中高年が独立するメリット・デメリット

中高年で雇われない生き方を選択する人もいますが、独立すればすべてがうまくいくわけではありません。これまで会社から給与をもらってきた人が、会社以外で一定の収入を確実に手に入れる保証はどこにもないのです。

一方、雇われない生き方は、あなたのやり方次第では、収入だけでなく仕事の価値観も事業が成功すれば、期待以上の成果を得ることができます。あなた自身で事業の方向性を決断でき、思い描いている事業を行うことも魅力です。

雇われない生き方を選択する上で、これまで携わってきた仕事の延長として独立する方法があります。たとえば、税理士事務所、社労士事務所、美容業、不動産業などから独立するケースです。仕事内容や顧客の動向を理解しているので、独立しても戸惑うことなくスタートできます。しかし、これまでの顧客を引き込めば前職とトラブルになる可能性があり、新規顧客を獲得するのは同業他社が多い中で、容易ではないケースもあります。
始める年齢は関係ありませんが、中高年の独立希望者にとって時間は限られています。一からビジネスを始める難しさもあり、躊躇する人もいるかもしれません。その場合は、成功のノウハウを短期間で習得できる点で、フランチャイズに加盟して事業をスタートする方法も検討してみましょう。さまざまな業種がフランチャイズとして門戸を開いているので、興味のある業種やこれまでの経験と関連させたフランチャイズがないか確認してみてください。

独立すれば、資金繰りを含めて、すべてのことにあなたが携わらなければいけません。そのためには、健康面や精神面で不安があれば、無理をすべきではないかもしれません。フランチャイズに加盟したからといって、収入面で心配がないということはありません。

売上予想は、あくまでも予測であり、確実に成果が保証されているビジネスなどないのです。独立すれば、会社に振り回されず定年は自分で決められます。事業によっては70歳以降も仕事を継続することが可能です。自分自身を信じて思うような仕事ができますが、ひとりでできる商売などありません。どのようなビジネスも成功するためには、人間関係が重要であり、会社勤務以上に、あなたの人間性や仕事の姿勢が重視されます。

安易に独立をお勧めしませんが、悶々とした気持ちで現職の仕事を継続するくらいなら、思う存分仕事ができる独立の道についても考えてみる必要があるかもしれません。

独立のメリット

- 定年を気にせず仕事ができる
- 収入面が増える可能性がある
- 自己責任において決断できる

独立のデメリット

- 資金繰りがうまくいかず生活が困窮する可能性がある
- 肉体面、精神面でもこれまで以上に厳しくなる可能性がある
- 事業がうまくいかず倒産する可能性がある

フランチャイズに加盟をして独立する場合の注意点

フランチャイズに加盟をして独立を考えている人も多いと思いますが、多くのフランチャイズを比較し、検討することをお勧めします。フランチャイズの中には、１００％成功するような話をする企業がありますが、うまい話なんてどこにもないと考えてください。説明が成功事例のみで誰でも成功できるような説明であれば、充分注意する必要があります。

そもそも誰でも成功できるビジネスであれば、なぜ自社の社員でビジネスを展開しないのでしょうか。フランチャイズとして運営する企業は、資金面、人材についてリスクが軽減するメリットがあります。

商売を始めてうまくいかなければ、フランチャイジー（加盟者）がリスクを負うことになりますので、大きな損害はないのです。また人材に関しても自社で雇用する必要がありませんので、人件費が高騰し経営を圧迫することがありません。さらに加盟料が入りますので、フランチャイズ企業にとってリスクが少なく事業を展開できるのです。

ただし、フランチャイジーは、フランチャイズ企業が培ってきたノウハウやブランド力を利用して、事業を展開できるメリットがあります。中には事業資金について金融機関を紹介してくるケースもあります。失敗するリスクばかり考えていては何もできませんが、うまい話に踊らされて事業をスタートすれば、数カ月で事業が破たんしてしまうこともあるのです。

誠意のあるフランチャイズ企業であれば、成功事例だけでなく、失敗するリスクや事例まで説明してくれます。また、急いで契約を促す企業には注意しましょう。フランチャイジーのことを考える企業であれば、フランチャイジーが充分理解し納得した上で契約を行うはずです。

投資なども同様に、必ず儲かるという話は、そもそも存在しないと考えてください。必ず儲かる投資であれば、人に勧めず自ら行うはずです。うまい話であれば、即決せず周囲の知人にまずは相談をしましょう。「今だから…」という勧誘であれば、契約はしないほうがいいかもしれません。

フランチャイズ加盟や投資は、今後の人生を左右する転機になります。気付いたらお金がなくなるだけでなく膨大な借金を抱えていたという話もよく聞きます。うまい話に左右されずに、今後10年、20年継続できるビジネスか、リスクを回避できる範囲のビジネスかどうかを見極めた上で判断してください。

最後の決断はあなた自身が行うものであり、あなたの自己責任になることを理解した上で検討しましょう。

注意しなければいけないフランチャイズの例

- 必ず儲かる、絶対に失敗しないと言葉巧みに誘う
- 成功事例のみ説明する
- 契約を急がせる
- 加盟しているフランチャイジーに合わせない
- 事務所ではなく常に喫茶店などで話をする

事業計画を立てる

事業を始める場合、まず事業計画を立てます。金融機関から借入を行う場合も事業計画書の提出が求められます。事業計画により今後のビジネスが左右するといっても過言ではありません。

フランチャイズに加盟すると、金融機関にも提出できる事業計画書を作成してくれることがありますが、事業計画に記載している売上の根拠などについては、充分に検討する必要があります。

第三者が作成した事業計画には、売上などを保証するものではないことが明記されています。別の見方をすれば、「立地や商材などを考慮して作成しているが、記載されている売上にいかなくても責任はない」という実にフランチャイズ側に有利な計画書なのです。最近は、一定期間売上を保証するフランチャイズもありますが、加盟金が高額なケースもありますので、費用対効果についいて検討する必要があります。

私が最初に独立する際、パソコンスクールのフランチャイズに加盟しました。立地調査や人口調査などを行い事業計画書をフランチャイズ企業が作成してくれましたが、売上目標については記載されている金額とはかけ離れていました。当然、予測した売上が達成できなければ、経費や人件費がかかりますので、資金繰りが圧迫します。開業から2カ月間は売上がまったくない状況で貯金を取り崩すだけでは運営できず、借金もあっという間に膨らみました。そして開業から半年経過した時点で、フランチャイズ企業が倒産してしまい、加盟金なども戻らず資金繰りに苦労しました。

当時の心境は意外と冷静でした。40代で始めたこともあり、何とかなるという根拠のない自信とこれで月々の加盟料を支払わなくてよいという開放感のほうが強かったように思えます。これが定年後に退職金を元手に始めていれば、そんな余裕はなく路頭に迷ったかもしれません。

もちろんすべてのフランチャイズがいい加減な事業計画を行っているわけではありません。フランチャイズに加盟し数年で多店舗展開している人や事業計画以上の実績を上げているフランチャイジーもいます。

リスクのある新規事業に貸し出す金融機関はありませんから、借入を行うための事業計画書は、少なからず良い条件の数値が記載されています。立派な事業計画書だからと安心せず、数値の根拠について充分検討しましょう。できれば提出された事業計画書を基に、あなた自身で事業計画書を作成することをお勧めします。事業計画では、同業他社の進出により売上が大幅に変わることも予測できます。立地が良い場所は、他の企業も進出したいのです。計画はあくまでも計画であることを理解した上で、事業の特徴や優位性を盛り込み、勝てる事業計画を立てましょう。

事業計画のポイント

○同業他社の動向により計画が左右されることを理解する
○フランチャイズ企業が作成した事業計画書を鵜呑みにしない
○事業計画書により金融機関からの借入れが左右する
○事業の特徴、優位性、これまでの実績を踏まえて作成する

リスク回避を想定する

独立すればすべてがうまくいくわけではありません。うまくいかなかったときのリスク回避についても事業を始める前に検討しておく必要があります。

事業が失敗する理由の1つとして、甘い事業計画と資金繰りだと考えます。売上についても少なからず理想が先立ち、利益が出る計画を立てる傾向がありますが、新規ビジネスがすぐに受け入れられるケースは稀です。損益分岐点を下回ったときの対応について検討しましょう。

売上回収までの期間がある場合も注意が必要です。売上があっても回収までに数カ月かかれば、それまでに発生する経費が経営を圧迫する可能性があります。売上が予測を下回り金融機関に借入れを依頼しても、よい返事が得られない可能性があります。金融機関はリスクの高い新規事業に貸し出すことはあまり行いません。悪くなったから借りるのではなく、むしろ事業を始める前に新規事業主を対象にした借入制度を活用し、借入を行っておくべきです。

予測した売上にいかなくても、家賃、人件費、水道光熱費、広告宣伝費などはかかります。規模の小さなビジネスでも数カ月で赤字が数百万円に膨らむことも多いのです。潤沢な資金があれば、開業当初の赤字を補てんすることができますが、事業資金に余裕がない人も多くいます。うまくいかなかった場合、どのようにリスクを回避するか検討してみましょう。

事業を開始した当初は実績がないため、カードローンの付いたクレジットカードが新規に作れなくなることがあります。金利の高いカードローンは使うべきではありませんが、いざというときには役立ちます。現職で勤続年数の長い時期に、クレジットカードを作成しておくことをお勧めします。

他にも政府系金融機関の借入制度についても検討すべきです。私も半年後に政府系金融機関から借入を行いましたが、もっと早く申請しておけばよかったと感じました。金融機関は、ビジネスの将来性を含めて貸出を行いますので、新規事業主では、将来性より現状の運営状況が重視されます。

売上が予測を下回るときに、経費をどれだけ落とせるか考えてください。広告宣伝費を削れないと考える人がいますが、費用がかからない広告もできるはずです。人件費も開業当初から正社員で雇用するのではなく、パートタイマー、アルバイトで行えば、売上に合わせた時間調整が可能です。好立地の高額な物件でスタートしたくなる気持ちも理解できますが、ビジネスが成功するか不透明な開業当初は、家賃なども抑えてスタートすべきです。

資金力では大企業にはかないません。資金力ではなく商材、サービス、そして、あなたの人間性で勝負することを考え、開業当初は、資金にできる限り余裕が持てる計画を立てましょう。

リスクはうまくいかなくなってから考えるのではなく、事前にあらゆるリスクを想定し対処方法として考えておくべきです。

リスク回避の方法

- 政府系金融機関を含めて資金調達の方法を考える
- できる限り経費をかけずスタートする
- 借入ができるクレジットカードは在職中に作っておく

フランチャイズ、個人事業主、投資のメリット・デメリット

会社に雇われない生き方には、さまざまな選択肢があります。それぞれのメリット・デメリットについて整理してみましょう。

フランチャイズ

【メリット】

ビジネスのノウハウやブランド力を活用できるので、短期間で開業が可能です。さまざまな業種でフランチャイズを行っており、加盟金が安く比較的簡単にスタートできるものもあります。フランチャイジーとの交流があるフランチャイズもあり、事業を安心してスタートできます。

【デメリット】

加盟金や月々のフランチャイズに支払う費用が高額な企業もあります。必ずしも成功する保証はなく、フランチャイズに加盟しても事業を撤退しなければならないリスクがあります。フランチャイズ本体の経営状況により、事業が継続できなくなるリスクもあります。

個人事業主

【メリット】

自宅で開業できるビジネスであれば、初期投資も少なくスタートできます。これまでの経験を活かして業務委託などで仕事を行う人もいます。時間も自由に使えるため今後のビジネスを検討していくことも可能です。

【デメリット】

金融機関からの借入で不利になることがあります。また、本人の健康状態などで事業が継続できなくなるリスクもあり、対外的な信用は、法人と比べて弱くビジネスを広げていくことが難しくなるケースがあります。

個人投資

【メリット】

個人事業主として、投資を生業とすることで自分のペースで仕事ができます。人間関係で煩わしいこともなく収入が増える可能性もあります。

【デメリット】

短期間で莫大な金額を失うリスクがあります。知識や経験がない中で事業としていくのは難しいかもしれません。儲かる人がいるということは、損する人がいることを理解する必要があります。

不動産投資なども物件により家賃収入が途絶えて収支がマイナスになる可能性があります。

中高年に適した独立のビジネス例

人によってさまざまな経験があり資金力も違いますので、限定はできませんが中高年の人が事業をスタートする場合、リスクが少なく、肉体的にも無理なくできる事業が適していると思います。どんな仕事でも熱意と意欲がなければ、成功することは難しいでしょう。これまでの仕事と関連するからという理由だけでは、うまくいきませんし、収入につながらなければ継続はできません。あくまでも参考ですが、中高年に適した、いくつかのビジネスをご紹介します。

損害保険、生命保険代理店

企業の研修制度を利用すれば、知識がなくてもスタートできます。企業によっては数年間契約社員として勤務し、独立する道が開かれている場合もあります。幅広い人脈がある方にはお勧めです。

教育ビジネス

塾やパソコンスクールのフランチャイズも多くあります。教えることに興味があれば開業資金が比較的少なく簡単にスタートできますが、経営に専念し講師を採用する場合、賃金や講師の質が経営に影響します。

結婚相談所

世話好きな人に向いています。フランチャイズに加盟することで会員数が少なくても他の相談所の会員とマッチングが可能です。加盟金や月額の費用に加えて自社会員を集めるための広告宣伝費やシステム使用料などがかかります。比較的自由に運営できるメリットがありますが、軌道に乗るまでは収入面で安定しないかもしれません。

人材紹介ビジネス

人材紹介会社の業務委託として、ヘッドハンティングなどを行い仲介するビジネスです。人事や営業経験者であれば、中高年の人でもこれまでの経験を活かして、スタートできるビジネスです。紹介が成立した場合の報酬は高いですが、成立しなければ生活が困窮する可能性があります。

介護ビジネス

訪問介護などのビジネスであれば、施設に多額の費用をかけずにスタートできます。中高年で健康な人であれば、高齢者と年齢の開きがないため高齢者の気持ちを理解したサービスが可能です。新規参入が多いビジネスですので、差別化したサービスが求められます。

ドライバー

健康で運転が苦にならない人なら、個人事業主として運送会社から仕事をもらいながらビジネスが展開できます。大手業者と業務委託契約を結び、売上を上げることが可能です。小口の配送は肉体的にも大変な部分がありますが、請負であれば新規顧客を見つける必要がなく経費もそれほどかかりません。

中高年が副業するメリット・デメリット

将来の減収に備えて副業を行うことも検討してみましょう。本業を行いながら副業をスタートすれば、将来、独立を考えている人にとってもリスクが少なく、市場を理解することができます。

副業は、趣味の延長線上でもよいのですが、副業によっては大きな損失を伴うこともあるので、中途半端な気持ちではなく、あくまでもビジネスの一環として捉えて行いましょう。

月額数万円の利益でも、利益を出せるノウハウを知っていることは大きなメリットになります。また、副業によっては市場の動きが速く継続が難しい場合もありますが、トレンドをつかむ上で将来的に役立ちます。

ネット通販や不動産管理など個人で行う、さまざまな副業の他に、週末に店舗などでアルバイトを行う副業もあります。正社員で勤務している場合、以前は副業を認めない企業もありましたが、最近は業務に支障を与えなければ一定の範囲で認めている場合もあります。事前に自社の就業規則で副業について確認をした上でスタートしましょう。

会社にわからないように行う副業は、本業に影響を及ぼす可能性がありますので注意してください。また、禁止しているにもかかわらず副業を行い、社員から密告されることもあります。副業を行っただけでは解雇はされないケースが多いですが、寝不足のため本業でミスをして大きな損害を引き起こしたなど、副業との因果関係を指摘されれば、本業を継続するのが難しくなるかもしれません。

ＦＸなどの投資は、24時間取引が行われているため、帰宅後、睡眠時間を削って取り組む人も珍しくありません。しかし、会社に見つからないと考えていても、どこから漏れるかわかりません。また、儲かって副収入があれば確定申告を行う必要もあります。ＦＸや株は、一瞬にして多額の損失が生じる可能性がありますので、充分検討してから行いましょう。

マンションやアパートを所有する不動産投資も年齢が40代であれば、スタートとしてよい時期です。長期ローンを組めば、毎月一定の収入を得ることができます。また借入をしても死亡したときはローンの返済がなくなる借入契約もありますので、生命保険の代わりに投資することも可能です。

副業のメリット・デメリット

【メリット】

- 収入が増える可能性がある
- 将来本業として取り組めるチャンスがある
- インターネットを活用すれば帰宅後でも行える

【デメリット】

- 睡眠時間が少なくなり本業に影響する可能性がある
- 副業を禁止している企業では、退職勧奨もしくは解雇の可能性がある
- 休日にアルバイトしていることが会社に知られてしまうことがある
- 株、FX、不動産投資などは多額の損失が発生する可能性がある

減給分を副業で補う

現職で65歳まで勤務することを選択した人でも、減収分を補うための副業について検討してみましょう。60歳を超えて時間に余裕ができれば、それほど負担なく副業が可能です。

60歳になった時点で副業をスタートするのではなく、できれば40代、50代からスタートしてみるのがよいでしょう。副業であっても、若い年齢で吸収力があるときにスタートすれば、失敗した経験も将来の糧として役立てることができます。

知識や経験がない人が、退職金を利用して株やＦＸといった投資を行うのはリスクが多すぎます。原則として失っても大きな支障がない範囲に留めるべきです。特に株やＦＸは、世の中の情勢で突然損失することもあります。ＦＸや株を副業として行う人は、セミナーや書籍などで充分な知識を持ちながら行うべきでしょう。

ネット通販などは、売れなければ損失になりますが、すべてを失ってしまうようなリスクはありません。最近は、さまざまな商品がネット通販で販売されているので、誰でも販売しているような商品を売ることは難しいですが、趣味を活かしたニッチな商品や国内で販売していない商品、そこでしか買えない商品などを販売できれば、売上につながり給与の減少分も補える可能性があります。

海外の通販サイトで販売する副業も盛んになってきています。商品を事前に仕入れなくても売れた時点で購入し販売するようにすれば、在庫を抱えるリスクもありません。副業であれば趣味を活かした分野で通販サイトを立ち上げるのもいいでしょう。好きな分野であれば知識も豊富で他の店舗と差別化できるかもしれません。

その他では、得意な分野で休日を利用して講演を行う仕事であれば、60歳を超えてもできます。結婚相談所のビジネスも最近は、副業で行う人が増えてきています。インターネットを活用することで、事務所にいなくても情報を確認でき、お見合いは土日に行われることが多いので、副業として始めやすいです。

副業が将来、本業になる人もいます。興味のある分野や得意な分野でビジネスチャンスがないか検討してみましょう。何もしないで60歳を迎えるのではなく、60歳で減給されても対応できる副業を40代、50代からスタートすることで、60歳以降も安心して生活ができるようになります。

ポイント

- ○本業に差し支えがない範囲で行う
- ○60歳以降の減収に備えて40代、50代からスタートする

自己主張が強い 50代と60代

コラム

私の会社では、結婚相談も行っていますが、最近、50代、60代の人の特徴で感じるものがあります。

それは、こちらの説明を親身に聞こうとする姿勢がなく、話し方も早口で、自分の主張だけ押し通そうとする傾向があります。自分の立ち位置を顧みず、自分の要望が第一なのです。

もちろんすべての人ではありませんが、話を聞こうとせず要件だけ一方的に話すようでは、お見合いをしてもうまくいきません。

良好な人間関係を築くためには、相手の気持ちを汲み取り、聞く姿勢が必要です。お見合いから交際、成婚に発展する人の多くが、自分ではなく相手のことをまず第一に考えているので、相手に誠意が伝わるのです。

人は、自分の本性や能力を悟られたくないと考えると、一方的に意見や考えを述べて相手の話を聞こうとしません。気持ちに余裕がないのかもしれません。

結婚だけありませんが、特に50代、60代の人であれば、自己主張する前に相手の気持ちを汲み取りじっくり話を聞く姿勢が必要だと思います。

第6章
成功するための キャリアプラン

40代で実践するべきこと

40代で実践することが50代、60代に大きく影響します。40代は仕事でバリバリ働いている時期ですが、自社における将来像が見えてくる時期でもあります。どんなに頑張っても、将来的に昇給・昇格のチャンスが少なく、存在価値を見出せないと判断したら、「自社にこのまま残るべきか」「転職もしくは独立の道を歩むべきか」を決断する選択の時期なのです。

45歳で課長職に就いているAさんについて考えてみましょう。

Aさんの会社は50代になると給与規定で家族手当がなくなり減給されます。現在の仕事に満足しているものの、部長に昇格できるチャンスは、かなり少ないと感じているとしたら、今後15年間そして定年退職後の再雇用5年間をどのように捉えたらよいと思いますか?

答えは1つではありません。このまま現職で実績を積み50代前半に部長、50代後半に役員に就ける可能性がゼロでなければ、現職に留まり貢献すべきかもしれません。しかし、会社の業績が悪く、50代の社員のリストラも始まっている状況であれば、転職市場でウリとなる40代に必要とされる企業に転職するのも検討するべきでしょう。

40代の忙しい時期に将来を考えず日々過ごすことで、あっという間に50代になります。将来に不安があれば、人材紹介会社へ登録したり、求人サイトを検索して、希望する企業の採用担当者と会ってみるべきかもしれません。転職するかどうかの決断は、現職と比較した上で決断することもできるのです。

43歳のBさんは、これまで営業職として20年間、頑張ってきましたが、将来は独立をして塾を経営したいと考えています。定年後の開業を視野に入れているのかもしれませんが、定年後に未経験の塾を経営して、うまくいくのでしょうか？

将来のプランが明確であれば、今やるべきことを実行に移すべきです。家族の同意が必要ですが、塾を経営したいのなら、フランチャイズに加盟する方法もありますし、教育業界に転職してから独立するという選択も40代であれば可能です。

40代は、今後の仕事で何がしたいのかを選択する時期でもあります。リスクを嫌い現状のままでよいという選択肢もありますが、問題意識を持ち行動に移さなければ現状維持も難しいかもしれません。

40代は、30代と比較をして転職市場では決して有利とはいえませんが、40代のマネジメント能力や営業力を必要としている企業も多くあります。いつまでも今のままでいられるわけではありません。今後訪れる50代、60代に向けて40代の選択が非常に重要なのです。

ポイント

- ○ 50代、60代に向けて40代は方向性を決断する時期である
- ○ 決断を後回しにすれば50代、60代のキャリアに影響する

50代で実践するべきこと

50代は、これまでの仕事を習熟させる時期といえます。役職では部長職や役員に就く社員がいる半面、降格や減給をされる社員がいます。

同じ社員なのに、この違いは何なのでしょうか？

もちろん能力や技術力といった職務能力の違いもありますが、50代になると職務能力という一言では片付けられない企業貢献度がポイントになります。

経理であれば、金庫番として自社の経理、財務面、資金繰りに精通していて、他の社員ではできない仕事を行っていれば、必要とされる社員になります。

一方、経理知識があり経験が豊富でも、自社の財務や資金繰りについての経験がなければ、必要とされる人材にはなれないかもしれません。なぜなら、通常の経理業務であれば、20代の社員でも問題なくできるからです。

50代のCさんは、これまで総務職として就業規則の作成や福利厚生制度の運営に従事してきました。新卒で入社し30年近く働き、自社しか知らないCさんは、30代の社員が提案した実績重視型の賃金体系に納得していませんでした。このような理由から、若手社員との会話も少なく、社内で浮いた存在になりつつあります。

実績重視型の給与体系の是非はあるものの、昔からこうしてきたという固執した考えだけでは、年齢に関係なく社内における存在価値を失っていきます。Cさんが60歳を迎えたとき、退職勧奨を受けて若手の総務社員がCさんのポジションに就く可能性があります。

Cさんの取るべき道は、最近の会社制度について学び、若手と意見を交わしながら会社をよくしていく姿勢が求められます。日々刺激がなく60歳を迎えようという行動や態度では生き残れません。

もうひとつの道は、これまで組織を構築してきた経験を、組織が構築できていない中小企業で経験を活かす道を模索すべきです。Cさんが一貫して総務職として頑張ってきた経験は、Cさんの財産です。現職では活かせないかもしれませんが、Cさんの経験を欲しがる企業に転職することは可能です。

50代は、これまでの仕事の成熟期です。社内の仕事のスペシャリストとして能力を発揮できるものです。惰性で仕事を行うようになれば、会社で必要のない人材になります。長年経験してきた職種だからこそ、さらにスペシャリストとして上を目指すために、年齢とは関係ない若さが求められます。

50代は守りに入りがちですが、これまでの仕事をより成熟させようとする努力が必要なのです。現在の50代は、今後70歳まで仕事を行うことを考えれば、まだまだ伸びしろがあります。問題意識と改善意識を持って積極的に行動することが求められているのです。

ポイント

○これまでの仕事を通じて真のスペシャリストを目指す

○常に問題意識、改善意識を持って行動する

60代で実践するべきこと

60代になると少なからず精神面、健康面で20代、30代のようにいかない歯がゆさを実感するかもしれませんが、ぜひ、キャリアの完成という意味でも目標を持ってもらいたいと思います。

60歳で要職を解かれて不満を持って仕事をすれば、これまでの仕事は完成されません。組織の中では、降格も止むを得ないルールがあるかもしれませんが、あなたが目指すゴールは、仕事を完成させようとする気持ちと行動で変わります。

これまで培った技術や経験を活かして、後継者を育てることもできるでしょう。仕事を完成するために、より貢献すべき道を模索することもできるはずです。

40年近く仕事をしてきた職務能力を完成させるために仕事をすれば、意欲や熱意は衰えず60代でも仕事ができます。60代を迎えて時間に余裕ができれば、これまで仕事一筋で、できなかったことも行えます。ゴールが決まれば、やるべきことが見えてきます。

60代が高齢者だと考えないでください。政治家は80代になってもイキイキとしていますが、彼らは常に刺激を受けながら問題解決に尽力しているからです。

ケンタッキーフライドチキンを創設したカーネル・サンダースは、60代に事業を興したそうです。彼の教えは「人生は何度でも勝負できる！」だそうです。60代だからといって気持ちが沈んでしまえば、仕事の完成期どころか衰弱期になってしまいます。

これまでの功績を理解している企業から声をかけられるかもしれません。子育ても終わり家庭のためだけでなく、やりたいことの実現のために働けるのが60代です。

限界を自ら作らないでください。60代になると波風立てずに過ごしている社員が多いからといってそんな慣習は打ち破りましょう。

人生いつかは終焉を迎えますが、人生最後の日に「充実した人生だった」と思えるためにも、60代でやり残したことがないように、思う存分仕事をしていきましょう。

60代から違った職種や業界で働く人もいるかもしれませんが、どんな仕事に就くにしてもこれまでの経験が糧となっています。60代はこれまでの仕事の完成期なのです。

ポイント

○惰性で仕事を行わず目標(ゴール)を設定する

○人生最後の日に「充実した人生だった」と思えるためにも60代を頑張る

年代別キャリアプランについて

必ずしも年代でやることを限定すべきではありませんが、それぞれの年代で行ったほうがよいことを把握しておくのも必要です。転職や独立を視野に入れているなら、できる限り40代で行うべきです。50代であれば、60代以降の仕事や生活について具体的に検討すべきです。60代以降は、仕事だけではなく、理想とする生活に近づくために充実した時間を過ごせるようにしたいものです。

時間は、誰でも平等に過ぎていきます。時の流れに任せているだけでは、気付いたときは、何もできないということにもなりかねません。それぞれの年代でやるべきことを把握した上で、あなたのキャリアプランを考えていきましょう。

キャリアとは経験であり、これからどのような経験をしていきたいかということが、キャリアプランなのです。キャリアプランは、こうすべきだという正解はありません。あなたが仕事に価値観を見出しイキイキと過ごしていくことが正解なのです。

現状のやるべきことや今後のキャリアプランについて考えてみましょう。

40代のキャリアプラン

【仕事について】

- 自社における今後の昇給、昇格を含めた予測をする
- 50代に向けて自社でやるべきことを整理する
- 50代以降のキャリアプランを考える
- 現職に不安があれば、転職、独立について検討する
- 転職市場における市場価値を分析する(求人サイト、人材紹介会社、人材銀行)
- 不足しているスキルがあれば自己啓発をする
- 転職時期と具体的な活動方法を検討する
- 独立を考えている場合は、フランチャイズのイベントや専門サイトをチェッ

クする

- 独立時期、開業資金について検討する
- 外部との人脈を構築する（外部セミナー、異業種交流会）
- 50代以降の収入面に不安があれば副業を検討する

【生活について】

- 現状の生活費を把握する
- 50代以降のローン返済を含めた生活に必要な経費をシミュレーションする
- 50代以降のライフスタイルを考える
- 転職、独立について家族の意向を探る
- 転職、独立する場合は、家族の同意を得る
- 健康状態を把握する

50代のキャリアプラン

【仕事について】

- 60歳以降の雇用延長について認識する
- 60歳以降の仕事内容、収入を検討する
- 雇用延長を希望する場合は、根回しをする
- 雇用延長に不安がある場合は、関連する企業への転職を根回しする
- 収入面に不安があれば、副業を検討する
- 60歳以降に不安がある場合は、転職、独立を視野に入れる
- 転職を希望する場合は、知人、友人に根回しをする
- 転職市場を分析する(人材紹介会社、人材銀行)
- 独立を希望する場合は、市場をリサーチする
- 独立を希望する場合は、フランチャイズのイベントや専門サイトをチェックする

【生活について】

- 60歳以降の生活必要経費についてシミュレーションする
- 家族に60歳以降のライフスタイルについて相談する
- 転職、独立を希望する場合は家族と相談する
- 転職、独立する場合は、家族の同意を得る
- 健康面について把握する

60代以降のキャリアプラン

【仕事について】

- 惰性ではなく目標を持って仕事をする
- 縁故を通じて必要とされる企業があれば検討する
- 資格取得など自己啓発をする
- 会社で求められている職務を想定し尽力する
- 減収を補てんする副業を行う
- 外部との交流を積極的に行う

●70歳まで働くシミュレーションをする
●若年層の社員と積極的に交流する
●保守的ではなくチャレンジ精神で仕事をする

【生活について】
●理想とする生活を実践する
●家族との時間を増やし会話を積極的に行う
●80歳までの生活必要経費をシミュレーションする
●趣味やボランティアなどを通じて地域交流を図る
●健康面に注意する

キャリア構築を成功させる6カ条

❶限界を自ら設けない

年齢が増すほど、無茶ができないと守りに入る人が多いのですが、限界を自分で決めないでください。「どうせ無理だ」「できるわけがない」といった言葉は排除しましょう。

あきらめてしまえば、そこで終わってしまいます。人生は一度きりです。やりたいことや目標があるなら、あきらめずにチャレンジできるはずです。

あなたの思考が前向きなら、肉体も前向きに動きます。あなたの仕事がダメだとあきらめてしまえば、肉体も無理だという指令を受けて動けなくなるでしょう。

限界をあなたが決めるべきではありません。できない理由を見つけるのは簡単ですが、本当にそれでよいのでしょうか？

できない理由を見つける時間があるなら、どうしたらできるのか考えてみてください。やりたいことの実現に向けて本気で取り組みましょう。本気で取り組んでいくと新たな発見があります。中高年だからこそ限界を設けずチャレンジすべきです。

若さは、年齢ではありません。チャレンジ精神がなく守りに入った途端、若さが失われていきます。前向きに限界を設けず頑張っている人は、年齢を感じさせません。

❷固定観念に捉われない

中高年の人は、人生経験が豊富なだけに、思い込みの強い人が多くいます。「〇〇でなければいけない」「〇〇であるべきだ」という思い込みが強いと、これからの人生の選択が狭くなります。

中高年だから独立が難しいのでしょうか?

中高年だから昔からの夢だった音楽に打ち込むことが難しいのでしょうか?

中高年だから我慢して生活のために働かなければいけないのでしょうか?

無鉄砲な生き方を勧めするわけではありませんが、これまでの生活が当たり前で、悶々とした気持ちでも我慢しなければいけないと感じている中高年の人がいます。

「35歳を超えると転職できない」『中高年の転職はリスクが大きい」などと言う人がいますが、誰が決めたのでしょうか。50代でも転職する人はいますし、独立する人も少なくありません。固定観念の枠に捉われていれば、柔軟性がなくなりチャンスを逃してしまいます。

当たり前に行われていることが、必ずしも正しい選択だとはいえません。既成事実や固定観念を疑ってみることで、チャンスに出会えます。他の人と同じ生き方が必ずしも正しいわけではありません。

自分の気持ちに正直になり、固定観念の枠を取り外し柔軟に考えてみましょう。

❸出会いを大切にする

私は40代で独立をしましたが、常に周囲の人に支えられて、ここまでやってくることができました。10年前に出会った人との縁で、今も継続しているビジネスも少なくありません。

出会いは誰でもありますが、「相手のために何ができるのか」「相手の期待以上に応えるにはどうしたらいいのか」という気持ちで、出会いに感謝しましょう。あなたが出会う人は、偶然ではなく必然なのです。

人はひとりでは生きていけません。特に中高年の出会いは、ビジネスだけでなく、その後の人生に大きな影響を与えることがあります。中高年になると人との付き合いが面倒になり、自分だけの世界で出会いを求めない人がいますが、会社と自宅の往復だけの人生では、もったいないと思います。一歩踏み出して出会いの機会を求めてください。

出会いだけでなく、あなたの周囲にいる人にも感謝の気持ちで接しましょう。自己中心的な考えでは、感謝の気持ちは芽生えません。あなたへの何気ない言葉や行動もすごく意味があることなのです。

出会いに感謝し、相手のために尽くすことで、良好な人間関係が築けます。

損得だけ考えている人間関係は、長続きしません。相手の立場になり相手の期待以上に答えようする生き方は、自然とあなたの周りに協力者が集まるのです。

❹常に笑顔を意識する

中高年になると笑顔が少なくなります。笑顔は美徳ではないと考え、無表情で1日を過ごしている人もいます。仕事だけでなく家庭の悩みや問題もあり、笑ってなどいられないと考える人もいますが、厳しいときこそ笑顔を意識しましょう。

私は仕事上、経営者の人と会う機会が多いのですが、素敵な笑顔で接する人が多いように思えます。経営者であれば、抱えている問題も多いはずですが、笑顔の作り方がうまいのです。

中高年になると、どうしても顔に張りがなくなり、意識をしないと相手に悪い印象を与えることがあります。しかし、少し口角を上げるだけで眼の表情が柔らかくなりイメージが変わります。笑顔が苦手な人は、笑顔を作ることを意識するだけでも変わっていきます。

笑顔が人を惹きつけます。あなたが笑顔でいると、あなたの気持ちが変わります。あなたが笑顔でいるとあなたの周りの人も笑顔になります。そして、あなたと周りの人が笑顔になるとビジネスやプライベートがうまくいきます。

中高年だからこそ、相手に与える印象について意識していきましょう。

❺年齢を意識しない

「もう○歳だから」「もう若くはないから」と、年齢を気にした言葉を頻繁に使う人がいますが、年齢を気にしないでください。

20代でも若さを感じない人がいますし、60代でもイキイキと生活している人もいます。「もう○歳だから」を「まだ○歳だから」に置き換えてみましょう。

若くはないという気持ちは、仕事にも影響します。若くはないという言葉を、仕事ができない言い訳に使う人がいますが、仕事は年齢に関係ありません。若くないからできないのであれば、その仕事では必要のない人材になってしまいます。

誰でも年は取りますが、年齢に見合った仕事を選別するのではなく、求められている仕事に全力で打ち込むことが大切です。

年齢を気にしてネガティブなオーラを出せば、周囲にもネガティブな空気を与えることになり、成果や実績にも影響します。仕事に携わっているなら、どんな仕事でもプロフェッショナルなのです。年齢の衰えを感じるなら、年齢を言い訳にせず、人の倍努力をして仕事の質を高めることが大切です。

年齢を気にする人は、同年代とのコミュニティを作りがちですが、さまざまな年代の人と付き合いましょう。同年代の人との付き合いだけで、年齢の衰えについてお互いに嘆いているだけでは何の進歩もありません。「もう」から「まだ」という言葉を使うことで、あなたの年齢は若返るのです。

❻不安は行動で払拭する

この先の不安をただ悩んでいるだけでは、不安は改善されないままで何も変わりません。誰でも将来への不安はありますが、起こりうるかどうかわからない不安で悩むくらいなら、目の前のやるべきことに全力投球すべきです。

中高年になると生活や健康面の不安は誰でもあります。生活面で不安があれば、どうすれば不安を解消できるかを考え、行動に移すことが大切です。何もしなくても時は経過していきます。現実を目の前にしたときでは、遅いのです。不安を抱いたということは、何かをしなければいけないというシグナルなのです。

健康面の不安は、日ごろから健康を意識し、若いときのように無茶をしないことです。これまで健康だったからと過信すれば、突然、大病に襲われることがあります。健康診断では通常の診断に加えて、中高年特有の病気の診断も行い、食生活や生活スタイルなどにも気を使いましょう。精神面では、クヨクヨ考えず日々過ごしましょう。

中高年は、自己責任の上で行動することが多くなります。誰かに言われるのを待っているのではなく、あなた自身が考えて行動することで、不安は解消されるのです。

おわりに

中高年という言葉にどういったイメージをお持ちですか？

中高年は、「定年間際で積極的に仕事をしない」「若年層とうまくいかない」「高い給与」など、あまり良いイメージが持たれていないかもしれません。しかし、本書をお読みになられた人は、そんな世間のイメージをぜひ払拭していただきたいと思います。

平均寿命が70代前半の時代でしたら、60歳を過ぎれば仕事をせず、年金暮らしでもよかったかもしれませんが、２０１４年の男性の平均寿命が80・21歳、女性が86・61歳で、昭和50年と比較をすると約10歳も高くなっています。医療の発達に伴い、いずれ平均寿命が90歳、あるいは１００歳になる日もそう遠くはありません。時代が変わってきているのです。

40代、50代はこれまでの中高年という既成概念を取り払い、現役でイキイキと仕事をする年代と捉えましょう。そのためには、自ら今後どのようなキャリアを歩んでいきたいか、そして、今後のキャリアに向けて何を実践するか考えて行動する時期なのです。

幸せの価値観は、人それぞれ違います。仕事がすべてではありませんが、生活と仕事は密接な関係であり、仕事を切り離して生活スタイルを考えることはできません。60代、70代でもイキイキと生活している人の特徴は、社会と何らかのつながりや影響力があり、必要とされて日々過ごしていることが大きな要因ではないでしょうか。

これまでは、40代半ばになると先が見えてきて仕事をリタイアする日までの期間をカウントダウンする人も多かったのですが、健康であれば60代はもちろん、70代、80代まで仕事を続けることができる時代です。そのためには、年齢を意識せず、やりたいことやできることに全力投球してください。

誰かが何かを与えるくれるわけではありません。中高年のキャリアは、自ら構築していく必要があります。自ら構築するということは、あらゆる可能性を秘めており、あなたの考えや行動で大きく変わるのです。目標を持ち、イキイキと仕事をしている姿は、職種や年代を問わず、とても魅力的です。どうせ生きるなら、より魅力的な人生を築いていきましょう。

本書では、中高年のさまざまなキャリアの選択肢や退職後の人生を充実させるための考え方や行動について書かせていただきました。

中高年という悪い既成概念を取り除き、あなたの行動が変われば、あなたの人生はもっと素敵になります。これからは、中高年の人がより輝く時代になることを心から願っています。

本書を執筆するにあたり、株式会社C&R研究所 代表取締役社長 池田武人氏、編集部 西方洋一氏には、並々ならぬご尽力をいただきました。書面を持って厚くお礼申し上げます。

谷所健一郎

■著者紹介

谷所《やどころ》　健一郎《けんいちろう》
有限会社キャリアドメイン代表取締役　http://cdomain.jp
日本キャリア開発協会会員
キャリア・デベロップメント・アドバイザー（CDA）

東京大学教育学部付属高校在学中にニューヨーク州立高校へ留学。武蔵大学経済学部卒業後、株式会社ヤナセに入社。その後、株式会社ソシエワールド、大忠食品株式会社で、新卒・中途採用業務に携わる。1万人以上の面接を行い人材開発プログラムや業績評価制度を構築する。株式会社綱八で人事部長を務めたのち独立。1万人以上の面接と人事に携わってきた現場の経験から、人事コンサルティング、執筆、講演、就職・転職支援を行う。ヤドケン就職・転職道場、ジャパンヨガアカデミー相模大野、キャリアドメインマリッジを経営。

主な著書
『選ばれる転職者のための面接の技術』（C&R研究所）
『選ばれる転職者のための職務経歴書&履歴書の書き方』（C&R研究所）
『人事のトラブル防ぎ方・対応の仕方』（C&R研究所）
『できる人を見抜く面接官の技術』（C&R研究所）
『新版「できない人」の育て方辞めさせ方』（C&R研究所）
『「履歴書のウソ」の見抜き方調べ方』（C&R研究所）
『再就職できない中高年にならないための本』（C&R研究所）
『即戦力になる人材を見抜くポイント86』（創元社）
『はじめての転職ガイド必ず成功する転職』（マイナビ）
『「できる人」「できない人」を1分で見抜く77の法則』（フォレスト出版）
『良い人材を見抜く採用面接ポイント』（経営書院）他多数

編集担当：西方洋一

目にやさしい大活字
再就職できない中高年にならないための本

2016年2月1日　　初版発行

著　者　谷所健一郎
発行者　池田武人
発行所　株式会社　シーアンドアール研究所
本　社　新潟県新潟市北区西名目所4083-6（〒950-3122）
電話　025-259-4293　FAX　025-258-2801

ISBN978-4-86354-782-7 C0034